Helene Lange

Entwickelung und Stand des höheren Mädchenschulwesens in Deutschland

Helene Lange

Entwickelung und Stand des höheren Mädchenschulwesens in Deutschland

ISBN/EAN: 9783744675857

Hergestellt in Europa, USA, Kanada, Australien, Japan

Cover: Foto ©ninafisch / pixelio.de

Weitere Bücher finden Sie auf **www.hansebooks.com**

Entwickelung und Stand

des

höheren Mädchenschulwesens

in Deutschland.

Im Auftrage

des Königl. Preußsischen Ministeriums der geistlichen, Unterrichts- und Medizinal-Angelegenheiten.

Von

Helene Lange.

Berlin 1893.

R. Gaertners Verlagsbuchhandlung
Hermann Heyfelder.
SW. Schönebergerstraße 26.

Entwickelung und Stand des höheren Mädchenschulwesens in Deutschland.

A. Im allgemeinen.

Das frühere Mittelalter zeigt in Deutschland eine sehr rege Förderung geistiger Kultur bei den Frauen. Weit eher als bei den Männern aus dem Laienstande fand man bei ihnen die Anfänge einer gelehrten Bildung, die schwierige Kunst des Lesens und Schreibens sowie die zum Verständnis des Psalters nötige litterarische Bildung. Das Psalmenbuch wurde daher auch zu den der Frau zufallenden Erbstücken gerechnet. Schon zur Zeit Karls des Grofsen, besonders aber unter den Ottonen begegnen uns geistliche und weltliche Frauen, die auf einer Höhe gelehrter Bildung stehen, wie sie selbst von hervorragenden Vertretern der Geistlichkeit selten erreicht wurde. Die feine Bildung der vornehmen Frauen betrachtete man später als einen besonderen Vorzug dieses Zeitalters. Einen Unterschied zwischen männlicher und weiblicher Bildung gab es dabei nicht; hatte man die Elementarkenntnisse errungen und die Fächer des Triviums absolviert, so drang man auch wohl noch je nach Bedürfnis und Anlage in die Geheimnisse des Quadriviums ein.

Die wichtigsten Bildungsstätten waren die Klosterschulen. Seit dem zehnten Jahrhundert war in den vornehmen Ständen Deutschlands die Sitte fast allgemein geworden, die Töchter in den Klöstern ausbilden zu lassen. Im elften und zwölften Jahrhundert finden wir besonders in den süddeutschen

Frauenklöstern grofse Erziehungsanstalten für Töchter des Adels. Aus den Klosterneuburgischen Akten ergiebt sich u. a., dafs in dem dortigen Frauenkloster eine stark besuchte Schule bestand, welche Mädchen mit dem siebenten Lebensjahre aufnahm, ohne dafs für sie die Verpflichtung galt, der Welt zu entsagen. Solche Mädchen besuchten die sogenannte äufsere Schule, deren Unterricht sich in erster Linie auf die Elemente des Wissens: Lesen, Schreiben und die Psalmen erstreckte. Aufserdem wurden die Mädchen auch in den verschiedensten weiblichen Handarbeiten unterwiesen.

Selbst als die gelehrte Laienbildung verfällt, bleiben wenigstens die Frauen noch den lateinischen Büchern getreu. Vornehme Eltern versäumen es selten, ihre Töchter „nach Sitte der Vorfahren" in den Schuldisciplinen unterrichten zu lassen. Noch immer galt es als höchstes Lob für ein adliges Mädchen, lateinische Bücher zu verstehen, wenn auch die vornehmen Damen sich nicht mehr, wie das in der „guten, alten Zeit" nicht selten geschah, in das Studium der Kirchenväter oder der römischen Klassiker vertieften, sondern lieber kurzweilige Schriften, Romandichtungen, Schwänke und Lieder lasen.

Mit dem Ausgang des Mittelalters verfällt diese Bildung, die übrigens nur ein Privileg der höchsten Stände war, schnell. Wenn auch eine Anzahl von Frauen sich noch privatim eine „gelehrte Bildung" verschafft, so klagt doch Ludwig Vives darüber, dafs das Geschlecht der Frauen ausgeschlossen sei von jedwedem Licht der Erkenntnis, und dringt auf Abhilfe. „Noch niemals," sagt er, „habe ich eine gebildete Frau gesehen, die schlecht war, wohl aber unendlich viele, welche nur darum verworfen und elend geworden, weil sie nie die Segnungen der Wissenschaften und des durch sie angeregten eigenen Nachdenkens genossen hatten." Eine ähnliche Auffassnng finden wir bei den Reformatoren, zu deren Bestrebungen es daher gehört, auch den Frauen die Bildung wieder zugänglich zu machen. Aber die Ansichten darüber, was ihren Inhalt auszumachen habe, sind andere geworden; mehr und mehr bildet sich die Idee einer specifisch weiblichen

Bildung aus. Auch bei Vives finden wir deutliche Spuren davon. „Des Weibes einziges Bildungsziel," betont er, „ist die Sittlichkeit: hat man ihr das Wesen derselben genügend auseinandergesetzt, so hat sie genug gelernt." Aus seinen weiteren Auseinandersetzungen erfährt man freilich, dafs er als Grundlage dafür umfassende Studien „in der Moralphilosophie" und die Lektüre vieler alter Schriftsteller, die eine weitgehende Kenntnis der lateinischen Sprache voraussetzen, für nötig hält. Die eigentliche systematische Wissenschaft aber behält er dem Manne vor.

Ein weiterer Gegensatz gegen das Mittelalter macht sich mit dem Beginn der „neuen Zeit" darin geltend, dafs man der Bildung eine weit gröfsere Ausdehnung geben will. Der von Karl dem Grofsen schon angeregte Gedanke einer allgemeinen Volksbildung wird von den Reformatoren praktisch zur Geltung gebracht und kommt auch dem weiblichen Geschlecht zu gute. Das Bedürfnis, auch den Bürgermädchen eine gewisse Bildung zu übermitteln, hatte sich schon seit dem 13. Jahrhundert gezeigt. Zunächst hatte man ihm in den Klosterschulen zu genügen gesucht; dann errichteten die aufblühenden Städte hie und da „Jungfrauenschulen", die von „Lehrmüttern" geleitet wurden. Luther und Bugenhagen gebührt vor allem das Verdienst, die Begründung solcher Schulen gefördert zu haben. In seinem Sendschreiben: „An die Ratsherren aller Städte deutschen Landes, dafs sie christliche Schulen aufrichten und halten sollen", betont Luther die Notwendigkeit, „die allerbesten Schulen, beide für Knaben und Maidlin an allen Orten aufzurichten", da die Welt feiner geschickter Männer und Frauen bedürfe: „Dafs die Männer wohl regieren könnten Land und Leute; die Frauen wohl ziehen und halten könnten Haus, Kinder und Gesinde." Seine Ansprüche in Bezug auf die Frauenbildung sind bescheiden genug: „Also kann ein Maidlin ja so viel Zeit haben, dafs des Tages eine Stunde zur Schule gehe und dennoch seines Geschäftes im Hause wohl warte."

Fast alle Schul- und Kirchenordnungen der Reformationszeit heben nach Luthers Vorgang die Notwendigkeit einer allgemeinen Mädchenbildung hervor; so besonders die braunschweigischen von Johann Bugenhagen. Schon die vom Jahre 1528 hat ein Kapitel von den „Jungfrauenschulen". Es sollen ihrer vier errichtet werden „an vier Orten, der ganzen Stadt wohl gelegen, darum dafs die Jungfrauen nicht ferne von ihren Eltern sollen gehen. Die Schulmeisterinnen will ein ehrbarer Rat verschaffen und annehmen, die in dem Evangelio verständig sind und von gutem Gerüchte. Dann soll man auch einer jeglichen aus dem Gemeindeschatzkasten Geschenke geben und sie lassen keine Not leiden, als der ganzen Stadt christliche Dienerinnen". Die braunschweigische Kirchenordnung von 1543 verlangt die Ausdehnung dieser Schulen auf alle Städte und Flecken. Das sehr bescheidene Lehrpensum von 1528 ist erweitert; die Schulzeit soll vier Stunden täglich betragen. Die Mädchen sollen lesen und schreiben lernen, geistliche Lieder singen und in Bibel und Katechismus wohl unterrichtet werden. In anderen Schulordnungen, so in der Wittenberger und Strafsburger werden auch die Anfangsgründe des Rechnens verlangt.

Die (für Hessen bestimmte) Homberger Reformationsordnung von 1526 sagt: „Aufserdem sollen in den grofsen und kleinen Städten, womöglich auch in den Dörfern, Mädchenschulen eingerichtet werden unter der Leitung gebildeter, in den Jahren vorgerückter, frommer Frauen, welche die Mädchen in den Hauptstücken der Religionslehre so wie im Lesen und Spinnen unterrichten und zur Pünktlichkeit und Geschäftigkeit anhalten sollen, damit sie später tüchtige Hausfrauen seien."

Auch die Pommersche Schulordnung von 1563, sowie die 1573 durch Johann Georg erlassene Brandenburgische Visitations- und Konsistorialordnung verlangen die Errichtung von Jungfrauenschulen. In der ersteren heifst es: „Die Jungfrauen sollen des Werkeltages vier Stunden in die Schule gehen; die andere Zeit sollen sie bei den Eltern lernen haushalten. Für allen Dingen sollen sie im Katechismo, in Psalmen, christlichen Gesängen, Sprüchen aus der heiligen Schrift unterrichtet, auch zum Gebet und zur Predigt gehalten werden."

Besondere Sorgfalt wandte man auch den Mädchenschulen in Sachsen zu. Als in Oschatz durch die Räte des Herzogs Heinrich die Reformation eingeführt wurde, verlangten sie, dafs unter den zehn anzustellenden Kirchen- und Schuldienern auch „eine Weibsperson" zur Errichtung einer Jungfrauenschule sei. Im Jahre 1555 genehmigte Kurfürst August den Antrag der Ritterschaft und der Städte auf Einrichtung dreier Jungfrauenschulen (zu Freiberg, Mühlberg und Salza in Thüringen), gewissermafsen als Parallelen der vom Kurfürsten Moritz errichteten Fürstenschulen.

Vielfach mögen die über das Mädchenschulwesen getroffenen Anordnungen auf dem Papier geblieben sein; in den gröfseren Städten jedoch trat eine ganze Anzahl von Mädchenschulen ins Leben, in denen trotz des geringen Mafses von Kenntnissen, das sie übermittelten, doch ohne Zweifel der Anfang der höheren Mädchenschule zu suchen ist. Sie scheinen hauptsächlich für die mittleren Volksschichten bestimmt gewesen zu sein und über den sogenannten deutschen Schreibschulen gestanden zu haben, in denen Knaben und Mädchen miteinander unterrichtet wurden; schon die Absonderung des Geschlechts scheint ihnen einen vornehmeren Charakter gegeben zu haben.

Für die evangelischen Gebietsteile Deutschlands bleibt der Typus der Mädchenschule, wie er durch Luther und Bugenhagen festgestellt worden war, während der Folgezeit bestehen. Auf katholischer Seite wird besonders durch die Gründung des Ursulinerinnenordens, einer zum Zweck des Jugendunterrichts und der Krankenpflege im Jahre 1537 gestifteten freieren Schwesterschaft, und des Ordens der Englischen Fräulein (1609 gestiftet) dem Bedürfnis des Mädchenunterrichts Rechnung getragen.

Das siebzehnte Jahrhundert bringt einerseits in Comenius den Vertreter der weitherzigsten Theorie in Bezug auf die Bildung der Frauen („denn sie sind gleicher Weise Gottes Ebenbilder; in gleicher Weise Inhaber der Gnade und des zukünftigen Reiches: in gleicher Weise mit beweglichem Geiste und umfassender Weisheit [oft mehr als unser Geschlecht] ausgerüstet; auf gleiche Weise steht ihnen der Zugang zur Herrlichkeit offen, da Gott selbst sich ihrer bedient hat zur Regierung der Völker, den Königen und Fürsten die heilsamsten Ratschläge zu geben, zur Wissenschaft der Heilkunde, und zu andern für das Menschengeschlecht wohlthätigen Zwecken"), andererseits in der Praxis einen starken Rückgang derselben. Der Unterricht der Mädchen, dessen Notwendigkeit am wenigsten in die Augen sprang, litt am meisten unter dem ungünstigen Einfluss, den die Verheerungen des dreifsigjährigen Krieges auf das ganze Unterrichtswesen in Deutschland ausübten. Viele Mädchenschulen gingen ein und machten Winkelschulen Raum, in denen wieder Knaben und Mädchen zusammen unterrichtet wurden. Vielfach wurden die Mädchenschulen auch Gegenstand der Privatspekulation; wir finden gänzlich untaugliche und verkommene Personen als Schulhalter. Erst die Wende des Jahrhunderts bringt wieder eine Änderung. In den Franckeschen Stiftungen zu Halle finden wir eine gesonderte Mädchenschule für den Bürgerstand; daneben begründet Francke im Jahre 1698 eine „Anstalt für Herren Standes, adeliche und sonst fürnehmer Leute Töchter", das sogenannte Gynaeceum. Es ist daselbst „zur Aufsicht, Unterweisung in der französischen Sprache, Anführung zu guter Manier mit Leuten umzugehen, eine französische Demoiselle, die eine bewährte und wohlgeübte Christin ist und viel bei Hofe gewesen, bestellet". Die jungen Mädchen werden in weiblichen Handarbeiten, im Lesen, Schreiben und Rechnen und „im Grunde des Christentums" unterwiesen, auch die Möglichkeit eines Unterrichts im Hebräischen und im Griechischen als den Ursprachen der Bibel ist vorgesehen, sowie andererseits auf Verlangen auch in Haushalt und Wirtschaft unterwiesen wird. Hier wie anderswo ist der Einfluss der (ein Jahr vor der Begründung des Gynaeceums) von Francke übersetzten Fénelonschen Schrift: *Sur l'éducation des jeunes filles* unverkennbar: andere Institute, wie das vom Herzog Karl von Württemberg auf der Solitude errichtete, sind direkt auf das Vorbild von Saint-Cyr zurückzuführen. So wurde besonders der „Institutserziehung" der jungen Mädchen höherer Stände jener französierende Charakter gegeben, den sie noch bis in unser Jahrhundert hinein behalten hat.

Inzwischen blieben die Bildungsgelegenheiten für Töchter der mittleren Stände noch lange Zeit aufserordentlich dürftig. Man eignete sich in den öffentlichen Schulen die Elementarkenntnisse an; allenfalls wurde dann noch eine Strickschule besucht und ein Kursus im Französischen genommen; wenigstens klagt schon Justus Möser über das Eindringen des französischen Elements in die Bildung der Bürgertöchter.

Der Aufschwung unserer nationalen Litteratur und die damit verbundene geistige Regsamkeit, die auch die Frauenwelt ergriff, gereichte der Frauenbildung und speziell der Mädchenschule mächtig zur Förderung. Viel wurde schon um die Mitte des Jahrhunderts über Frauenbildung theoretisiert. „Von der Notwendigkeit des Studierens, insonderheit der Frauenzimmer" (Leipzig 1753), „Über Frauenzimmerschulen" (Zürich, 1770), „Plan zur besseren Erziehung und Belehrung gemeiner Bürgertöchter" (von Usteri, Zürich 1774), „Über die Notwendigkeit der Anlegung öffentlicher Töchterschulen für alle Stände" (Wolfenbüttel 1786), „System der weiblichen Erziehung, besonders für den mittleren und höheren Stand" (1787) sind einige Schriften aus einer Reihe anderer, die das Heraufdämmern einer neuen Zeit bezeichnen. Über das Was und Wie der Frauenbildung ist man sich freilich keineswegs einig. Auf der einen Seite vertritt Basedow in seinem Methodenbuch auf das entschiedenste den Rousseauschen Satz: „La femme est faite spécialement pour plaire à l'homme", und will dem entsprechend die Bildung der Frauen nicht auf ein sittliches Prinzip, sondern auf Klugheitsregeln und vor allem auf diese angebliche Bestimmung, zu gefallen, gegründet wissen: „Sie (die Frau) mufs angewöhnt werden, ihre Person und ihren Umgang angenehm zu machen und zu erhalten, das männliche Geschlecht als das zum Vorzuge der Herrschaft bestimmte von Jugend auf anzusehen, sich dasselbe durch Sanftmut, Geduld und Nachgeben geneigt zu machen" etc. . . . . „Es ist eine vortreffliche Übung für Mädchen, dafs man sie versuchen läfst, in einer grofsen Gesellschaft bald diesem, bald jenem und also einem jeden etwas zu sagen, was entweder gefallen oder doch nicht mifsfallen kann." Andererseits hat seine Idee der Frauenbildung eine Richtung auf das Praktische, die sich überall da geltend macht, wohin sein Einflufs reicht. So finden wir bei der im Jahre 1786 durch den Fürsten Leopold Friedrich Franz begründeten Herzoglichen Töchterschule zu Dessau (heute Antoinettenschule), die auf Basedows Anregung zurückzuführen ist, in einer „den guten Müttern" gewidmeten Eröffnungsschrift bemerkt, dafs die Schule nicht sowohl bestimmt ist, „dem vornehmen, jungen Frauenzimmer eine wissenschaftliche Bildung zu geben", als vielmehr „den Töchtern der zahlreichen mittleren Stände einen für das häusliche Leben brauchbaren und gemeinnützigen Unterricht zu erteilen". In dem Lehrplan dieser Anstalt finden wir auch eine von der ersten Lehrerin in der obersten Klasse erteilte Stunde „Moral für Frauenzimmer und Haushaltungsrechnung"; auch ein Kursus in der Gesundheitslehre wird erteilt.

Eine weitherzigere Auffassung der Bestimmung und Bildung der Frau, als sie Basedow zeigt, finden wir durch Jean Paul in der Levana vertreten. Die Bildung zur Mutter ist ihm wichtiger als die zur Gattin; über der mütterlichen und ehelichen Bestimmung aber steht ihm die menschliche. In gleichem Sinne sprechen sich zu Anfang des Jahrhunderts verschiedene Frauen aus. Karoline Rudolphi versucht in ihren Gemälden weiblicher Erziehung (1807), Betty Gleim in ihrem Buch: Erziehung und Unterricht des weiblichen Geschlechts (1810) eine pädagogische Theorie für die weibliche Erziehung aufzustellen, die in der Ansicht wurzelt, dafs jedes weibliche Wesen in erster Linie Mensch, erst in zweiter Linie Weib ist, und dafs nur die freie Entwicklung aller Fähigkeiten die richtige Erfüllung der Aufgabe gewährleisten könne, die der Frau in ihrer zwiefachen Eigenschaft zufalle.

Während so theoretisiert wird, tritt auch zugleich eine ganze Reihe von Töchterschulen, fast durchweg Privatschulen, ins Leben. In Berlin, Dresden, Hannover, Göttingen, Görlitz (von Gersdorfsche Erziehungsanstalt), Cüstrin (weibliche Lehr- und Erziehungsanstalt von Rektor Knauert), Darmstadt, Bremen (unter Leitung von Betty Gleim), Lübeck (J. H. Meyer), Frankfurt a. M., Hamburg, Ansbach, Nürnberg (das Seidelsche Institut), Augsburg, Heidelberg (Karoline Rudolphi) u. s. w. finden wir blühende Privatschulen für Mädchen. Die grofse Bedeutung, die die Litteratur damals für das nationale Leben hatte, brachte eine starke Betonung des litterarisch-ästhetischen Prinzips mit sich, die noch ein charakteristisches Merkmal der deutschen Mädchenschule bildet. Die Lehrpläne sind noch sehr buntscheckig. Die oben erwähnte Töchterschule in Dessau weist neben den Elementarkenntnissen und den obengenannten Fächern auf: „Verfertigung schriftlicher Aufsätze, vornehmlich über hauswirtschaftliche Angelegenheiten, Briefe, Erzählungen u. s. w., Biblische Geschichte und Religionsunterricht nebst den wichtigsten moralischen und häuslichen Grundsätzen zur Führung eines nützlichen und zufriedenen Lebens, Naturgeschichte, besonders eine Kenntnis der vaterländischen Naturprodukte und deren ökonomischer Benutzung; einige Kenntnis der Geographie, vorzüglich der vaterländischen; Anweisung zu verschiedenen Handarbeiten eines häuslichen Frauenzimmers, z. B. im Nähen, Stricken, Spinnen, Klöpfeln u. dergl." — Auf anderen Lehrplänen finden wir die Mythologie, die für das Verständnis der Klassiker wichtig erschien, als besonderes Fach; auch Psychologie kommt vor. Wieder auf anderen spielt die weibliche Handarbeit die wichtigste Rolle.

Aber selbst da, wo gute Töchterschulen bestehen — der Name „höhere" Töchterschule kommt (nach Wiese) vor den zwanziger Jahren unseres Jahrhunderts nicht vor — bleibt doch die Bildung der Mädchen eine sehr lückenhafte, schon weil die Schulbildung in der Regel mit vierzehn Jahren bereits ihren Abschlufs fand. Vielfach aber fehlte es auch an

Bildungsgelegenheiten ganz. Im Jahre 1799 berichtet das Konsistorium zu Berlin in seiner Relation an das Oberschulkollegium: kein Teil der öffentlichen Erziehung sei bisher mehr zurückgesetzt worden als die Unterweisung des weiblichen Geschlechts. An zweckmäfsigen Töchterschulen fehle es fast überall. In den meisten Städten sei die Einrichtung, dafs blofs der Küster, der oft nur sehr geringe Geschicklichkeit habe, die Töchterschule halte, wo dann die kleineren und gröfseren Mädchen durcheinander, ohne zweckmäfsige Absonderung nach dem Alter und den Fortschritten, einen mechanischen Unterricht genössen, den sie obendrein noch häufig mit den kleineren Knaben, die der Küster zur Vermehrung seiner Einkünfte mit aufnehme, teilen müfsten.

So stieg das Bedürfnis, festere Zustände im Mädchenschulwesen zu schaffen, um so mehr, als in den Friedensjahren nach der „französischen Zeit" die Ansprüche an die Bildung des weiblichen Geschlechts immer gröfser wurden. Hier und da waren schon im Laufe des achtzehnten Jahrhunderts Staats-, Stiftungs- oder Genossenschaftsschulen entstanden. So wurde schon 1731 von Karl Albrecht von Bayern das „Königliche Mädchen-Erziehungs-Institut der Englischen Fräulein" zu Nymphenburg gegründet; 1748 die (seit 1827 königliche) Elisabethschule zu Berlin, 1749 auf Veranlassung des Kurfürsten Johann Friedrich Karl die Englische Fräulein-Schule in Frankfurt a. M.; 1767 die Töchterschule zu St. Maria Magdalena in Breslau, aus der später die Augusta- und die Victoriaschule hervorgingen; 1786 die Töchterschule zu Dessau. Etwa 25 solcher öffentlichen Schulen entstehen zwischen 1800 und 1825, dreifsig bis vierzig zwischen 1825 und 1850. Vielfach werden auch gute Privatanstalten von den Städten übernommen. Von 1850 ab wächst das Interesse an der Begründung öffentlicher höherer Mädchenschulen stetig. Wenig freilich thut in den meisten Fällen der Staat; bei weitem die meisten öffentlichen höheren Mädchenschulen verdanken ihr Entstehen der Opferwilligkeit der Gemeinden; einige wenige sind Genossenschaftsschulen. Mehr und mehr wird auch Ge-

wicht darauf gelegt, allen modernen Anforderungen an eine
würdige Ausstattung der Schulen sowohl in Bezug auf die
Baulichkeiten als auf die Lehrmittel zu entsprechen; auch
kleinere Städte bringen erhebliche Opfer für die Mädchenschulen. Seit 1850 entstanden auf diese Weise noch mehrere
hundert öffentlicher höherer, d. h. über das Ziel der Volksschule hinausgehender Mädchenschulen (Genaueres siehe
unter B.), von denen eine Anzahl die bisherige Unterrichtszeit
— acht Jahre — beibehielt, die Mehrzahl aber den Kursus
um ein bis zwei Jahre verlängerte und eine zweite Fremd-
sprache, das Englische, hinzufügte, so dafs sich allmählich
zwei (wenn auch noch nicht scharf geschiedene) Typen, die
mittlere und die höhere Mädchenschule, den Bedürfnissen
des mittleren und des höheren Bürgerstandes entsprechend,
herausbildeten.

Neben den von Staat und Gemeinden begründeten, als
öffentlich bezeichneten Schulen bestand die Privatschule fort.
Ihre glänzenden Tage, die sich an die Namen Basedow,
Campe, Salzmann, Pestalozzi, Fröbel, Betty Gleim, Karoline
Rudolphi anschliefsen, die Tage, in denen die Privatschule
der öffentlichen Schule erst die Wege gebahnt, waren freilich
vorüber; die eigentümlichen Vorzüge aber, die in der gröfseren
Freiheit der Bewegung liegen, sicherten den Privatschulen
immer noch ein Publikum. Für die Knaben zwar, die in das
öffentliche Leben eintreten sollten, wurde die öffentliche
Schule bald die Regel; für die Mädchen lagen die Dinge
wesentlich anders. Während einerseits auch auf dem Gebiet
des Mädchenschulwesens eine feste staatliche Organisation
verlangt wurde und eine solche sich thatsächlich schon zu
vollziehen begann, sprachen sich andererseits noch gewichtige
Stimmen dagegen aus (von Raumer, Riehl). Noch im Jahre
1865 erklärte L. Wiese ein weibliches Staatsschulwesen, dem
für die männliche Jugend entsprechend, für eine Vorstellung,
die für uns einen inneren Widerspruch in sich trüge, un-
natürlich und unausführbar. Besonders ist ihm das Zu-
sammendrängen grofser Massen von Mädchen, wie es die
öffentliche Schule vor allem in den grofsen Städten mit sich

bringt, gegen die weibliche Natur. Wenn er auch wünscht, dafs in jeder Provinz wenigstens eine vom Staat gegründete und erhaltene Schule bestände, die durch ihren Lehrplan und die übrigen Einrichtungen zum Muster dienen könnte, so befürwortet er andererseits, dafs der Staat sich im Interesse der Mädchenerziehung der Aufstellung eines allgemein verbindlichen Normalplans für die höheren Mädchenschulen enthalte.

Die Zahl der in Deutschland bestehenden höheren Privatschulen für Mädchen übertrifft die der öffentlichen höheren Mädchenschulen um das Zwei- bis Dreifache. Dagegen wird sich die Zahl der Schülerinnen der öffentlichen höheren Mädchenschulen ungefähr mit der der Privatschulen decken; ganz Genaues läfst sich darüber bei der Ungleichheit der Schulstatistik in den einzelnen Staaten nicht ermitteln. In Preufsen beträgt die Zahl der privaten circa 68,5 % aller höheren und mittleren Mädchenschulen; die der Schülerinnen nur circa 44 % aller Schülerinnen dieser Schulen. Dieses Mifsverhältnis erklärt sich daraus, dafs eine Anzahl der öffentlichen Schulen eigentlich mehrere Schulkomplexe umfafst und dafs andererseits unter den Privatschulen sich viele sehr kleine Organismen befinden. Obwohl diese in Bezug auf Kursusdauer, Lehrerkollegium etc. keineswegs den Ansprüchen entsprechen, die an eine höhere Schule zu machen sind, so sind sie dennoch ein nicht unwichtiger Faktor für die weibliche Bildung, da sie in kleinen Städten oft die einzige Gelegenheit für die Töchter gebildeter Stände bieten, eine über die Volksschule hinausgehende Bildung zu erwerben. Von verschiedenen deutschen Staaten werden daher auch Privatanstalten, die in dieser Weise einem öffentlichen Bedürfnis abhelfen, unterstützt. So erhält in Preufsen eine nicht unbedeutende Zahl von Privatschulen staatliche Unterstützung; auch in Württemberg wird sie solchen Privatschulen zu teil, die nicht auf Gewinn berechnet sind; — „denn es wäre ungerecht," sagt die Kommission für das betreffende Gesetz von 1877, „diejenigen Privatanstalten, welche sich einer Unterstützung durch die Gemeinden nicht zu erfreuen haben, von der staatlichen Unterstützung von vornherein auszuschliefsen, sofern die Verweigerung der Unterstützung seitens der Gemeinde an und für sich kein Beweis gegen das Bedürfnis einer solchen höheren Mädchenschule ist, sondern oft Motive hat, die durchaus nicht im Einklang mit der Forderung einer höheren Bildung für die weibliche Jugend stehen."

Neben den kleinen Anstalten giebt es aber auch eine grofse Anzahl vollausgestalteter Privatschulen. In Preufsen beträgt z. B. die Zahl der privaten höheren und mittleren Mädchenschulen mit 7 und mehr aufsteigenden Klassen 169, d. h. ebensoviel wie die der öffentlichen höheren und mittleren Mädchenschulen derselben Kategorie.

Selbstverständlich unterstehen die Privatschulen in Deutschland in derselben Weise einer staatlichen Aufsicht und Leitung wie die öffentlichen Schulen.

Im besonderen Gegensatz zu den öffentlichen Schulen stehen die Privatschulen dadurch, dafs in ihnen die weibliche Leitung, in den öffentlichen die männliche überwiegt. Von den öffentlichen höheren Mädchenschulen Preufsens sind 91 bis 92 % unter männlicher, nur 8 bis 9 % unter weiblicher Leitung; von den höheren Privatmädchenschulen 87 bis 88 % unter weiblicher, nur 12 bis 13 % unter männlicher Leitung. Ähnlich steht es mit dem Ordinariat in den Oberklassen. Die Thatsache, dafs die höheren Stände vielfach die Privatschule trotz der oft mangelhaften äufseren Ausstattung derselben bevorzugen, erklärt sich wohl zum Teil aus dem Umstande, dafs der höhere Preis der Privatschule eine Garantie für eine gewisse Auswahl des Publikums giebt, und sie dadurch in mancher Augen vornehmer erscheint, zum grofsen Teil aber auch daraus, dafs in diesen Ständen ein besonderes Gewicht darauf gelegt wird, gerade die halberwachsenen Töchter unter dem erziehlichen Einflufs von Frauen zu wissen.

Die weitere Geschichte der inneren Entwicklung des höheren Mädchenschulwesens bietet einen bemerkenswerten Gegensatz gegen die Entwicklung des Mädchenschulwesens im Reformationsjahrhundert. Damals lagen klare Verhältnisse vor in Bezug auf die Lebensaufgabe der Frau und das, was dem entsprechend an intellektueller Bildung ihr zu bieten

war: dagegen sah man sich etwa um die Mitte unseres
Jahrhunderts hinsichtlich der Frauenbildung vor ganz
neue Fragen gestellt. Die gewaltigen Umwälzungen auf
dem Gebiet der Technik, durch die den Frauen im eigent-
lichsten Sinne die Arbeit aus der Hand genommen wurde,
hatten die Frauenfrage geschaffen, die in den fünfziger
und sechziger Jahren die Gemüter lebhaft beschäftigte
und den Gedanken einer Neuorganisation der Mädchenschulen nahe legte. Darüber, ob und wie weit die Schule den
neuen Bildungsansprüchen Rechnung zu tragen habe, gingen
die Ansichten weit auseinander. Während man auf der einen
Seite die Gestaltung der höheren Mädchenschule von den
neugeschaffenen Fragen garnicht berührt, sondern die All-
gemeinbildung von specifisch weiblichem Gepräge, d. h. mehr
oder weniger ästhetischem Charakter, festgehalten wissen
wollte, schlug man auf der anderen in Bezug auf Lehrfächer
und Lehrziele eine Annäherung an die Knabenschule vor.
Während man hier vor allem darauf drang, die Frauen er-
werbsfähig zu machen, wollte man dort dem häuslichen
Beruf durch Einführung von Nationalökonomie, Haushaltungs-
kunde u. s. w. zu Hilfe kommen. Während man endlich hier den
Mädchenunterricht besonders auf der Oberstufe vorzugsweise
akademisch gebildeten Männern übertragen wollte, legte man
dort besonderes Gewicht auf Frauenunterricht, da ein Ver-
trauensverhältnis, wie es gerade zwischen dem weiblichen
Zögling und dem Erzieher wünschenswert sei, nur zwischen
Personen desselben Geschlechts stattfinden könne. Die in
Bezug auf diese und ähnliche Fragen des Mädchenschulwesens
geführten Kämpfe sind noch keineswegs abgeschlossen; zum
Teil sind die obwaltenden Gegensätze in Lehrer- und Lehre-
rinnenvereinen zum Ausdruck gelangt. Die Geschichte der
weiteren Entwicklung des höheren Mädchenschulwesens in
Deutschland ist daher zum Teil identisch mit der Geschichte
dieser Vereinsbestrebungen. Die Unterrichts-Verwaltungen
haben sie mit Aufmerksamkeit verfolgt; einige Staaten sind
mit gesetzlichen Bestimmungen vorgegangen, sobald gewisse
Resultate sicher gestellt schienen; andere haben die not-

wendigen Anordnungen bisher nur auf dem Verwaltungswege getroffen und verhalten sich der noch im Flufs befindlichen Entwicklung gegenüber vorläufig abwartend.

Das Jahr 1872 ist für die innere und äufsere Entwicklung der deutschen höheren Mädchenschule besonders wichtig geworden; es bezeichnet geradezu einen Abschnitt darin. Unter den Leitern der öffentlichen höheren Mädchenschulen in Deutschland — es gab deren damals 160 bis 170 — war schon lange der Wunsch rege geworden, auf Grund einer zu vereinbarenden Theorie über Wesen und Ziel der weiblichen Bildung eine möglichst einheitliche Gestaltung des deutschen höheren Mädchenschulwesens anzubahnen. Schon seit längerer Zeit waren die einschlagenden Fragen in Zeitschriften und Programmen diskutiert worden und in Bezug auf die wesentlichsten Punkte war eine Übereinstimmung erzielt. Im Sommer 1872 forderte nun der Direktor der städtischen höheren Mädchenschule in Iserlohn, G. Kreyenberg, zu einer „Töchterlehrerversammlung" in Weimar auf, die auch im September desselben Jahres stattfand. Als hauptsächlichstes Resultat derselben erscheint eine Denkschrift, ausgearbeitet auf Grund einer Anzahl von Thesen, die von Direktor Schornstein aus Elberfeld der Versammlung vorgelegt und von dieser mit geringen Veränderungen angenommen worden waren.

Diese Denkschrift wurde noch im Laufe des Jahres sämtlichen deutschen Staatsregierungen überreicht und hat auf die Gestaltung des Mädchenschulwesens in hohem Grade bestimmenden Einflufs geübt. Der wesentliche Inhalt der ihr zu Grunde liegenden Thesen ist folgender:

Es ist eine gesetzliche Regelung des höheren Mädchenschulwesens sowohl in Bezug auf die äufsere wie auf die innere Organisation desselben notwendig (These I). — Die höhere Mädchenschule soll der heranwachsenden weiblichen Jugend die ihr zukommende Teilnahme an der allgemeinen Geistesbildung ermöglichen: ihre Organisation hat auf die Natur und Lebensbestimmung des Weibes Rücksicht zu nehmen (These II). — Die höhere Mädchenschule hat eine harmonische Ausbildung der Intellektualität, des Gemütes und des Willens in religiös-nationalem Sinne auf realistisch-ästhetischer Grundlage anzustreben (These III). — Sie hat den Elementarunterricht ebenso zu pflegen wie die Elementarschule, und auf der dadurch geschaffenen Grundlage eine einheitliche Bildung in Wissenschaften und Sprachen (zwei fremde Sprachen) aufzubauen (These IV). — Sie beansprucht die Schülerinnen vom vollendeten 6. bis zum vollendeten 16. Lebensjahre für 10 Jahreskurse in 3 Hauptstufen, welche sich auf 7—10 Stufenklassen verteilen (These V). — Das Lehrerkollegium besteht aus einem wissenschaftlich gebildeten Direktor, wissenschaftlich gebildeten Lehrern (namentlich für die wissenschaftlichen Fächer), aus erprobten Elementarlehrern und geprüften Lehrerinnen (These VI). — Der Staat hat für die Errichtung höherer Mädchenschulen nach Mafsgabe des Bedürfnisses zu sorgen; in Bezug auf Ressort-, Anstellungs- und Pensionsverhältnisse ist die höhere Mädchenschule den übrigen höheren Schulen gleichzustellen (These VII). — Es ist wünschenswert, dafs durch die Staatsbehörde nach Anhörung tüchtiger Fachmänner ein Normal-Lehr- und Einrichtungsplan festgestellt werde (These VIII). — Schulen, welche den in diesem Plane gestellten Anforderungen nicht entsprechen, dürfen den Namen „höhere Mädchenschule" nicht führen (These IX).

Zwei weitere Abschnitte der Denkschrift beschäftigen sich mit den Mittel- und den Fachschulen (einschliefslich der Lehrerinnenbildungsanstalten).

Im November 1872 war die Weimarer Denkschrift den deutschen Staatsregierungen überreicht worden. Noch am Schlusse desselben Jahres veranstaltete der preufsische Unterrichtsminister Dr. Falk eine Untersuchung in Bezug auf das Mädchenschulwesen und berief sodann zum 18. August 1873 eine Konferenz zur Beratung der Gestaltung des mittleren und höheren Mädchenschulwesens nach Berlin. Die Ergebnisse dieser Konferenz liegen vor in den Protokollen über die im August 1873 im Königlich Preufsischen Unterrichtsministerium gepflogenen, das mittlere und höhere Mädchenschulwesen betreffenden Verhandlungen. (Berlin 1873. Wilhelm Hertz.) An der Konferenz nahmen teil: vier Ministerialbeamte, vier Vorsteherinnen von Privatschulen, eine staatlich angestellte Lehrerin, sechs Dirigenten von öffentlichen höheren Mädchenschulen, drei Vorsteher von Privatmädchenschulen und zwei Direktoren von Lehrerinnenseminaren. Die von dieser Versammlung nach gründlicher Beratung gefafsten Beschlüsse sind, obwohl ihnen von der preufsischen Regierung nicht Gesetzeskraft zuerteilt worden ist, thatsächlich die Grundlage für die weitere Entwicklung unseres höheren Mädchenschulwesens geworden. Im grofsen und ganzen können sie als ein weiterer Ausbau der Weimarer Thesen gelten; in einzelnen Bestimmungen, wie z. B. in der über die Leitung der höheren Mädchenschule, weichen sie davon ab.

Die Frage:
> Welche Aufgaben haben diejenigen Mädchenschulen, welche über die Ziele des Volksschulunterrichts hinausgehen?

wurde von der Konferenz folgendermafsen beantwortet:
> Diejenigen Mädchenschulen, welche über die Ziele der Volksschule hinausgehen, haben die Aufgabe, der weiblichen Jugend in einer ihrer Eigentümlichkeit entsprechenden Weise eine ähnliche allgemeine Bildung zu geben, wie sie auch die über die Volksschule hinausgehenden Schulen für Knaben und Jünglinge bezwecken, und sie dadurch zu befähigen, sich an dem Geistesleben der Nation zu beteiligen und dasselbe mit den ihr eigentümlichen Gaben zu fördern. Das Bedürfnis einer Vorbildung für eine künftige Berufsstellung ist durch besondere Einrichtungen ins Auge zu fassen.

Unter den Mitgliedern der Konferenz bestand Einstimmigkeit darüber, dafs eine Sonderung in mittlere und höhere Mädchenschulen notwendig sei. In Bezug auf die Aufgabe beider Schulgattungen wurden folgende Bestimmungen einstimmig angenommen:
> Die Mittelschule für Mädchen, im ganzen entsprechend der Mittelschule für die männliche Jugend, wie sie in den Allgemeinen Bestimmungen vom 15. Oktober 1872 aufgefafst ist, hat einerseits eine höhere Bildung zu geben, als dies in der mehr-

klassigen Volksschule geschieht, andererseits aber auch die Bedürfnisse des sogenannten Mittelstandes in gröfserem Umfange zu berücksichtigen, als dies in den höheren Lehranstalten regelmäfsig der Fall sein kann. Insbesondere wird sie eine neue Sprache (die französische oder die englische) in ihren Lehrplan aufzunehmen haben.

Die höhere Mädchenschule erstrebt jene allgemeine Bildung, wie sie den höheren Lebenskreisen eigen ist. Die Lehrgegenstände werden zu dem Zweck in der höheren Mädchenschule, der Mittelschule gegenüber nicht sowohl weiter zu vermehren, als in ausgedehnterem Umfange mit mehr Vertiefung und in mehr wissenschaftlicher, namentlich innerlich verbindender Weise zu behandeln sein. Zwei fremde Sprachen (die französische und die englische) und deren litterarische Haupterscheinungen sind unbedingt heranzuziehen.

Man stellte ferner fest:

Die vollständig organisierte höhere Mädchenschule beansprucht ihre Schülerinnen vom vollendeten 6. bis zum vollendeten 16. Lebensjahre.

Als Norm gilt, dafs die Mädchen in mindestens sieben selbständigen, streng voneinander gesonderten, aufsteigenden Klassen, welche sich auf drei Hauptstufen verteilen, unterrichtet werden.

Als diejenigen Gegenstände, welche in der höheren Mädchenschule zu betreiben sind, bezeichnete die Konferenz einstimmig:

1. Religion, 2. deutsche Sprache, 3. französische Sprache, 4. englische Sprache, 5. Geschichte, 6. Geographie, 7. Rechnen resp. Raumlehre, 8. Naturbeschreibung, 9. Naturlehre, 10. Zeichnen, 11. Schreiben, 12. Gesang, 13. weibliche Handarbeiten.

Über die Ziele, welche in den einzelnen Lehrgegenständen zu erreichen sind, einigten sich die Mitglieder der Konferenz folgendermafsen:

1. In der Religion sind die Ziele im allgemeinen dieselben, wie in der Mittelschule für Knaben unter besonderer Betonung der ethischen Seite und mit der durch die vorgeschrittene allgemeine Bildung der Mädchen bedingten Erweiterung.

2. In der deutschen Sprache:
Befähigung der Schülerinnen zu richtiger und gefälliger zu-

sammenhängender mündlicher und schriftlicher Darstellung von Gegenständen, die in ihrem Anschauungskreise liegen, Kenntnis der Grammatik der Muttersprache.

Bekanntschaft mit den dem Bildungsstande der Mädchen entsprechenden Hauptwerken der deutschen Dichtung und mit den Hauptepochen der deutschen Litteraturgeschichte unter Bevorzugung der Zeit nach Luther.

3. In der französischen Sprache:
Kenntnis der Grammatik, Formenlehre und Syntax,

Befähigung, Briefe und kleine Aufsätze über Dinge aus dem Anschauungskreise der Mädchen im ganzen richtig in französischer Sprache zu schreiben und über solche Gegenstände in einfachen Sätzen mit richtiger Aussprache französisch zu sprechen,

Befähigung, ein französisches Buch zu lesen,

Bekanntschaft mit den Hauptwerken der französischen Litteratur aus den klassischen Perioden.

4. In der englischen Sprache sind die Ziele dieselben, wie in der französischen Sprache, namentlich ist auch Bekanntschaft mit den Hauptwerken der englischen Litteratur zu verlangen.

5. In der Geschichte:
Kenntnis der Hauptthatsachen der allgemeinen Geschichte, bezüglich der alten Geschichte besonders aus der der Griechen und Römer. Kenntnis der vaterländischen, d. i. der deutschen Geschichte in ihrem Zusammenhange und in ihren Beziehungen zu den Nachbarstaaten.

6. In der Geographie:
Bekanntschaft mit der physischen und politischen Geographie aller fünf Erdteile; nähere Kenntnis der Geographie Europas und genauere Kenntnis der Geographie Deutschlands.

Die Hauptsachen aus der mathematischen und physikalischen Geographie.

7. Im Rechnen:
Bekanntschaft mit den bürgerlichen Rechnungsarten, den geltenden Münz- und Mafssystemen; Befähigung, Aufgaben aus denselben in ganzen und gebrochenen Zahlen, beziehungsweise Dezimalbrüchen selbständig sicher und richtig zu lösen; Fertigkeit im Kopfrechnen; Raumberechnungen.

8. In der Naturbeschreibung:
Bekanntschaft mit der Naturgeschichte aller drei Reiche, namentlich mit den hervorstechenden Typen und Familien, speziell aus der Heimat; nähere Bekanntschaft mit den Kultur-

und Giftpflanzen. Einige Kenntnis von der Bildung und dem Bau der Erde.

9. In der Naturlehre:
Allgemeine Bekanntschaft mit den magnetischen, elektrischen, mechanischen Erscheinungen, sowie mit denjenigen des Lichtes, der Wärme, des Schalles, insbesondere Verständnis derjenigen physikalischen Gesetze, welche im gewöhnlichen Leben und in den Hauptgewerben Anwendung finden. Bekanntschaft mit den Elementen der Chemie, soweit sie zum Verständnis der gewöhnlichsten, im Hause vorkommenden Erscheinungen erforderlich ist.

10. Im Zeichnen:
Bis zum perspektivischen Zeichnen.

11. Im Schreiben
müsse jeder einzelne Lehrer auf gute Schrift halten, dann sei in den Oberklassen ein besonderer Schreibunterricht nicht notwendig.

In Bezug auf die mittlere Mädchenschule wurden folgende Bestimmungen festgesetzt:

Die Mädchen sollen die mittlere Mädchenschule vom vollendeten 6. bis zum vollendeten 14. Lebensjahre besuchen.

Die mittlere Schule soll mindestens fünf aufsteigende Klassen haben.

Bei fünf Klassen sind zwei für die Unterstufe, zwei für die Mittelstufe, eine für die Oberstufe bestimmt.

Zahl der Lehrstunden wie in der höheren Mädchenschule. Die häuslichen Arbeiten sind noch mehr zu beschränken, wie in der höheren Mädchenschule.

Es sind folgende Gegenstände mit folgenden Zielen zu betreiben:

1. Der Religionsunterricht.
Es sind in der Mittelschule für Mädchen die Ziele hier im allgemeinen dieselben wie in der für Knaben. Der Unterschied zwischen beiden liegt nur in der Methode und in der Auswahl der Stoffe (Schriftabschnitte, Sprüche, Lieder), welche zur Veranschaulichung herangezogen werden.

2. Die deutsche Sprache.
Ziel ist die Befähigung zum korrekten mündlichen Ausdrucke, zur selbständigen Abfassung von Briefen, leichten Geschäftsaufsätzen und dergleichen. Sicherheit in der Orthographie und Bekanntschaft mit den Hauptregeln der deutschen Grammatik; Kenntnis der wichtigsten Dichtungsarten und Formen,

vermittelt an Proben aus den Meisterwerken deutscher Prosa und Poesie, sowie Kenntnis von dem Leben der hervorragendsten Dichter aus der Zeit nach der Reformation.

3. **Die französische, bezw. englische Sprache.**
Ziel ist richtige Aussprache, Sicherheit in der Orthographie und Kenntnis der Hauptregeln der Grammatik, Befähigung, leichtere prosaische Schriftsteller in der französischen Sprache zu lesen, einen leichten Geschäftsbrief selbständig aufzusetzen, bezw. leichte Sprachstücke aus dem Deutschen zu übertragen.

4. **Geschichte.**
Hier ist das Ziel die Kenntnis von der Lebensgeschichte der bedeutendsten Männer und von den Hauptsachen aus der Weltgeschichte aller drei Zeitalter, nähere Bekanntschaft mit der vaterländischen, d. i. der deutschen Geschichte, namentlich der neueren Zeit.

5. **Geographie.**
In dieser ist das Ziel dasselbe, wie bei den höheren Mädchenschulen, der Unterschied kann nur in dem geringeren Umfange der Detailkenntnisse gefunden werden.

6. **Rechnen und Raumlehre.**
Die Ziele sind dieselben wie bei der höheren Mädchenschule.

7. **Naturkunde; und zwar ist Ziel:**
   a) in der Naturbeschreibung: Bekanntschaft mit der Naturgeschichte aller drei Reiche, vermittelt an hervorstechenden Repräsentanten, welche vorzugsweise aus der Heimat und in dem Tierreich aus den höheren Ordnungen, im Pflanzenreich aus den Phanerogamen gewählt sind, sowie mit deren Nutzen oder Schaden im menschlichen Haushalte.
   b) In der Physik und Chemie: Kenntnis der Hauptsachen aus der Physik und der Elemente der Chemie, insbesondere derjenigen Gesetze, welche den Naturerscheinungen und den gewöhnlichsten Vorgängen im Haushalt und in den Hauptgewerben zu Grunde liegen.

8. Außerdem ist in der mittleren, wie in der höheren Mädchenschule in den technischen Gegenständen (Schreiben, Zeichnen, Singen, Turnen, weiblichen Handarbeiten) obligatorischer Unterricht zu erteilen, dessen Ziele von den betreffenden Technikern zu bestimmen sind.

Die Zusammensetzung des Lehrerkollegiums betreffend wurde folgendes bestimmt:

I. Es ist wünschenswert, dafs das Lehrerkollegium der höheren Mädchenschule aus akademisch und seminarisch gebildeten Lehrern und aus Lehrerinnen bestehe, und dafs die Erstgenannten die philologischen oder theologischen Prüfungen bestanden haben.
II. Dabei gilt als Regel, dafs die Leitung der Anstalt, der Religionsunterricht, sowie der in den ethischen Fächern und den fremden Sprachen, soweit letzterer nicht in den Händen von Lehrerinnen liegt, in den oberen Klassen akademisch gebildeten Lehrern übertragen wird, welche die Prüfungen für das höhere Lehramt oder die theologischen Prüfungen bestanden haben.
III. Sofern die Lehrer die Prüfung für das höhere Lehramt nicht bestanden haben, erwerben sie die Befähigung zum Unterrichte in den oberen Klassen der höheren Mädchenschulen durch Ablegung der Prüfung für Lehrer an Mittelschulen.
IV. Die Befähigung zur Leitung von höheren Mädchenschulen wird unterschiedslos von allen Lehrern durch Ablegung der Prüfung für Rektoren erworben.
V. Die Lehrerinnen haben die Berechtigung zur Leitung von höheren Mädchenschulen und zum Unterricht in denselben durch Ablegung der für sie besonders angeordneten Prüfung zu erwerben.
VI. Die Befähigung zum Unterrichte in den unteren Klassen wird durch Ablegung der Prüfung für Volksschullehrer gewonnen.

Die Frage:
> Welche Bedeutung hat es für die Entwicklung des höheren Mädchenschulwesens, ob dasselbe dem Ressort der Königlichen Provinzial-Schulkollegien oder dem der Königlichen Regierungen überwiesen wird?

wurde einstimmig wie folgt beantwortet:
> Die Überweisung der höheren Mädchenschulen in das Ressort der Provinzial-Schulkollegien würde der Gleichstellung derselben mit den anderen höheren Lehranstalten einen bestimmten Ausdruck geben, sie würde aufserdem die gleichmäfsige Behandlung der Angelegenheiten derselben wenigstens für je eine Provinz sicher stellen und endlich eine unmittelbare Verbindung der betreffenden Schule mit der Ober-Aufsichtsbehörde zur Folge haben und dadurch die Verwaltung der Schule erleichtern.

Die Beratung wandte sich nunmehr den Fortbildungskursen für Mädchen zu.

Man kam überein:

dafs die in Rede stehenden Fortbildungskurse auch dann nicht entbehrlich seien, wenn die höheren Mädchenschulen die im Abschnitt I bezeichnete Organisation erlangen und die dort unter No. 4 bezeichneten Ziele erreichten.

Die Abhaltung der Kurse sei der freien Vereinsthätigkeit zu überlassen und wo sie unter den Formen einer Lehranstalt auftreten, nur Personen zu gestatten, welche die Befähigung zum Unterricht in den Oberklassen höherer Mädchenschulen erworben haben.

Wünschenswert sei es, dafs sich das Lehrerkollegium höherer Mädchenschulen zur Abhaltung solcher Kurse vereinige. Dieselben hätten aber in strenger Absonderung von der Schule selbst zu bestehen.

Die nun folgenden Beratungen über die Vorbildung und Prüfung der Lehrerinnen liegen nicht mehr innerhalb des Rahmens dieser Schrift.

Der Einflufs der Berliner Konferenz zeigte sich bald in der erhöhten Beachtung, die dem Mädchenschulwesen in ganz Deutschland seitens der Regierungen und der Gemeinden zugewendet wurde. Um eine möglichst einheitliche Durchführung der in Weimar und Berlin aufgestellten Ansichten zu gewährleisten, erschien es den Veranstaltern der Weimarer Versammlung wichtig, die einmal hergestellte Verbindung nicht wieder aufzulösen. Es wurde daher im September 1873 eine zweite Hauptversammlung von „Dirigenten, Lehrern und Lehrerinnen an höheren Töchterschulen Deutschlands" nach Hannover berufen und auf dieser die Begründung eines Vereins beschlossen, der sich: „Deutscher Verein von Dirigenten und Lehrenden höherer Mädchenschulen" nannte. Er hat im Jahre 1876 diesen Namen mit dem kürzeren: Deutscher Verein für das höhere Mädchenschulwesen vertauscht. Ausgesprochener Zweck des Vereins ist, die innere und äufsere Entwickelung und Ausgestaltung des mittleren und höheren Mädchenschulwesens auf dem im Jahre 1872 zu Weimar gelegten Grunde zu fördern. Der Verein entwickelte sich in den nächsten Jahren schnell; heute umfafst er 15 Zweigvereine und zählt ca. 3350 Mitglieder.

Von seiten der Staatsregierungen wurde dem Verein entschiedenes Wohlwollen bezeugt; Vertreter derselben wurden zu den Vereinsversammlungen entsandt. Auf diesen Versammlungen ist im Laufe der Jahre eine grofse Anzahl pädagogischer und methodischer Fragen zur Erörterung gekommen und vielseitige Anregung gegeben worden. Im übrigen waren die Hauptbestrebungen des Vereins auf die Erlangung fester Bestimmungen in Bezug auf die äufsere Stellung der höheren Mädchenschule, resp. Einreihung derselben in die Zahl der höheren Schulen, und eines Normal-Lehr- und -Einrichtungsplans gerichtet: mit welchem Erfolg, wird bei der Darstellung der Entwickelung des höheren Mädchenschulwesens in den Einzelstaaten hervortreten. Besonders bedeutungsvoll war die von dem Verein im Jahre 1874 gegebene Anregung zur Begründung einer Pensionsanstalt für Lehrerinnen und Erzieherinnen, die durch die lebhafte Teilnahme, welche die zur Protektorin erwählte Kronprinzessin Victoria von Preufsen, spätere Kaiserin und Königin Friedrich, sowie die oberste preufsische Schulbehörde, besonders der Ministerialdirektor Greiff, der Sache schenkten, sehr rasch gefördert wurde. Die Anstalt, nach den Grundsätzen eingerichtet, die der Rentenversicherung zu Grunde liegen, ist allen Lehrerinnen und Erzieherinnen Deutschlands zugänglich; ein mit derselben verbundener Hilfsfonds, auf den alle Mitglieder ein Anrecht haben, gewährt die Möglichkeit, in Notfällen sofortigen Beistand zu leisten. Die Zahl der Mitglieder der Pensionsanstalt belief sich am 31. Dezember 1891 auf 2391; der Vermögensbestand auf 3609794,49 Mk. Hiervon entfielen auf den Pensionsfonds 3164978,63 Mk., auf den Hilfsfonds 444815,86 Mk. 265 Mitglieder bezogen bereits Pension. Einmalige Beihilfen waren in dem vergangenen Rechnungsjahre in 142 Fällen gewährt worden. Beitragserlasse in 53.

Schon auf dem Tage zu Weimar hatte sich ein gewisser Gegensatz zwischen den Anschauungen der Vertreter der öffentlichen und denen der Privatschule gezeigt. Die letzteren hatten auch in der Versammlung mehrfach ihren abweichenden Überzeugungen Ausdruck gegeben, und der Verein für höhere Töchterschulen zu Berlin hatte diese Überzeugungen später gleichfalls in einer Denkschrift niedergelegt, die auch den deutschen Staatsregierungen überreicht wurde. Es wird darin den Gegnern der Vorwurf gemacht, eine gelehrte Richtung in die Mädchenschule hineinbringen zu wollen und die erziehliche Seite gering zu achten, indem ein Kollegium gelehrter Männer an die Spitze der Mädchenschule gestellt und der Fraueneinfluſs zu niedrig angeschlagen werde. Dem gegenüber betont diese Denkschrift, daſs neben den Lehrern auch Lehrerinnen bis in die obersten Klassen, und hier besonders, wissenschaftlichen Unterricht erteilen und ausreichende Einwirkung auf die jungen Gemüter behalten müſsten. Diese Forderung war auch von den Lehrerinnen selbst unter Führung von Frl. Stoephasius und Frl. Mithène auf der Weimarer Versammlung vertreten worden. Zu ihrer Durchführung wurde Gleichberechtigung der Lehrerinnen mit den Lehrern und für jene die Gelegenheit zu einer wirklich wissenschaftlichen Ausbildung auf einer „Akademie" gefordert. Diese Forderung hatte scharfe Abwehr erfahren; die darin liegende allgemeine Tendenz war jedoch nachträglich, wenn auch wesentlich modifiziert, in der Begründung zu These VI der Weimarer Beschlüsse zum Ausdruck gekommen

Das Verhalten der Weimarer Versammlung, die Stellung ferner, die der deutsche Verein auf den Tagen zu Dresden (1875) und Köln (1876) den Forderungen der Lehrerinnen gegenüber einnahm, legte diesen die Auffassung nahe, daſs ihre Interessen durch den Deutschen Verein nicht genügend vertreten seien. Besonders in Köln hatte man vergebens versucht, der auch seitens verschiedener Privatschulvorsteher vertretenen Auffassung: auch zu dem Unterricht in den oberen Klassen der Mädchenschulen sei die Mitwirkung wissenschaftlicher Lehrerinnen unentbehrlich, Geltung zu verschaffen: die Mehrzahl der anwesenden Herren wollte diese Mitwirkung nur für zulässig erklären: die Mehrzahl der ganzen Versammlung erklärte sie für wünschenswert. Als dann die Eisenacher Versammlung im Jahre 1888 sich für die Ansicht aussprach, die erziehliche Aufgabe der Schule sei in der Weise am besten zu lösen, daſs auf der Unterstufe vorwiegend Lehrerinnen unterrichten, auf der Mittelstufe Lehrer und Lehrerinnen sich in den Einfluſs teilen, auf der oberen Stufe aber der männliche Einfluſs überwiege, da glaubten diejenigen unter den Lehrerinnen, die der Meinung waren, daſs gerade in den Entwickelungsjahren dem Mädchen weiblicher Einfluſs doppelt not thue, den Augenblick gekommen, um sich zur Vertretung dieser Ansicht und der daraus sich ergebenden Konsequenzen zusammenzuschlieſsen.

Schon im Herbst 1887 war von einigen Berliner Frauen dem preuſsischen Unterrichtsministerium und dem preuſsischen Abgeordnetenhaus eine Petition eingereicht worden, welche die nachfolgenden beiden Anträge enthielt:

1. daſs dem weiblichen Element eine gröſsere Beteiligung an dem wissenschaftlichen Unterricht auf Mittel- und Oberstufe der öffentlichen höheren Mädchenschule gegeben und namentlich Religion und Deutsch in Frauenhand gelegt werde;

2. daſs von Staats wegen Anstalten zur Ausbildung wissenschaftlicher Lehrerinnen für die Oberklassen der höheren Mädchenschulen möchten errichtet werden.

Der Petition war eine Denkschrift, verfaſst von Helene Lange, beigegeben. Die Verfasserin ging von der Ansicht aus, daſs in der Begründung der Weimarer Denkschrift zu These II über die Notwendigkeit und die Art der weiblichen Bildung insofern ein verhängnisvoller Miſsgriff begangen sei, als die Bildung der deutschen Frau nur um des Mannes willen verlangt werde. Auf die Tendenz, die sich aus dieser Begründung ergiebt, glaubt sie mannigfache Miſsgriffe zurückführen zu dürfen, die ihrer Auffassung nach in der Organisation der öffentlichen höheren Mädchenschule begangen sind, vor allem den Umstand, daſs die Erziehung der heranwachsenden Mädchen viel zu ausschließlich in die Hand von Männern gelegt sei. Während den Lehrerinnen meistens nur Sprachunterricht und die technischen Fächer zuerteilt werden, seien Schul- und Klassenleitung und meistens auch noch alle schwerwiegenden (sogenannten ethischen) Unterrichtsfächer und somit die eigentliche erziehliche Thätigkeit dem Manne übergeben. Sie sieht hierin, da nur die Frau ein unmittelbares Verständnis für die Mädchennatur haben könne, da ferner der Mann manches Tadelnswerte bei Mädchen gar nicht bemerke, anderes nicht ohne Verletzung des Gefühls zur Sprache bringen könne, eine Schädigung für die sittliche Erziehung. Von einer Änderung dieses Prinzips, von der thatsächlichen Durchführung der Anschauung, dafs Mädchen in erster Linie durch Frauen erzogen werden müssen, ein Prinzip, für dessen Verwirklichung jedoch eine Vertiefung der Lehrerinnenbildung unabweisliche Bedingung sei, glaubt sie eine Besserung der von ihr bezeichneten Schäden erwarten zu dürfen.

Die preufsische Regierung verhielt sich der Petition gegenüber ablehnend, zeigte aber ihre Geneigtheit, den Lehrerinnen eine tiefere Bildung gerade in den ethischen Fächern und damit die Möglichkeit eines weitergehenden Einflusses zu gewähren, indem sie den im Herbst 1888 am Victoria-Lyceum zu Berlin ins Leben tretenden Fortbildungskursen für Lehrerinnen im Deutschen und in der Geschichte materielle Unterstützung und, durch Entsendung eines Kommissars zu den Prüfungen, staatliche Sanktion verlieh.

Die unter den Lehrerinnen begonnene Bewegung ging indessen ihren Gang weiter fort. Im Mai 1890 trat in Friedrichroda in Thüringen die erste allgemeine Versammlung deutscher Lehrerinnen auf den Ruf von Auguste Schmidt (Leipzig), Marie Loeper-Housselle (Ispringen in Baden) und Helene Lange (Berlin) zusammen. Die Frucht der Versammlung war die Begründung des Allgemeinen Deutschen Lehrerinnenvereins. Nach § 1 seiner Statuten will derselbe die Hebung des Lehrerinnenstandes nach jeder Richtung hin fördern, insbesondere aber für die Lehrerinnen folgendes anstreben:

a) eine gröfsere Beteiligung an der Volksbildung,
b) eine zu einem gründlichen Unterricht an den oberen Klassen der Mädchenschulen befähigende Vorbildung,

c) eine größere Beteiligung am wissenschaftlichen Unterricht in den oberen Klassen aller Mädchenschulen,
d) Förderung ihrer praktischen Interessen.

Schon auf der Generalversammlung 1891 wurde beschlossen, durch eine Petition an die deutschen Staatsregierungen Gelegenheit zu einer gründlichen wissenschaftlichen Vorbildung für die Lehrerinnen nachzusuchen. Von der preußischen Regierung erfolgte eine wohlwollende Antwort mit dem Hinweis darauf, daß einschlägige Erwägungen bereits im Ministerium stattfänden.

Dieselbe Antwort war kurz zuvor dem Deutschen Verein auf eine Petition verwandten Inhalts zu teil geworden. Der Verein hatte inzwischen den Bestrebungen der Lehrerinnen größere Förderung widerfahren lassen und auf seiner Heidelberger Versammlung im Herbst 1890 eine besondere „Abteilung für Angelegenheiten der Lehrerinnen" begründet. Ohne sich zu den ausgesprochenen Zielen des Allgemeinen Deutschen Lehrerinnenvereins zu bekennen, sucht der Vorstand dieser Abteilung die Interessen der Lehrerinnen, besonders auch die geistigen Interessen, nach Kräften zu fördern.

Der Allgemeine Deutsche Lehrerinnenverein hat sich inzwischen über Erwarten schnell entwickelt. Schon am Schluß des ersten Vereinsjahres zählte er über 3000 Mitglieder; heute umfaßt er 37 Zweigvereine und zählt im ganzen ca. 5000 Mitglieder. Auch die deutschen Lehrerinnenvereine im Auslande (in England, Frankreich, Italien und Amerika) gehören ihm an. Durch Erörterung methodischer und pädagogischer Fragen, Einrichtung von Fortbildungskursen u. s. w. sucht er die geistigen, durch eine weitverzweigte Stellenvermittelung, Begründung von Krankenkassen, Ferien- und Altersheimen die praktischen Interessen seiner Mitglieder zu fördern.

Die weiteren Bestrebungen der verschiedenen Vereine werden bei Preußen zur Erörterung kommen.

B. In den einzelnen deutschen Staaten.

Vorbemerkung. Da es eine einheitliche Statistik des ganzen deutschen Schulwesens nicht giebt, so ist es leider auch nicht möglich gewesen, die Angaben über den augenblicklichen Stand des höheren Mädchenschulwesens in allen deutschen Staaten nach demselben Schema zu ordnen. Vor allen Dingen war der Umstand erschwerend, dafs die Mittelmädchenschulen nicht überall nach demselben Grundsatz behandelt, sondern teils den höheren Mädchenschulen, teils den Volksschulen zugezählt und zum Teil untrennbar in deren Zahl eingerechnet worden sind. Die Schülerinnenzahl war bei den öffentlichen Schulen meistens mit Sicherheit, bei den Privatschulen häufig nur in ungefährer Höhe zu ermitteln; an einer Stelle sind die Schülerinnen sämtlicher höherer Schulen zusammengezogen. Über die an den Privatschulen beschäftigten Lehrkräfte und deren Vorbildung fehlte es auch vielfach an zuverlässigen Angaben. Viele Lehrkräfte, besonders Lehrer, sind ohne Zweifel doppelt gezählt worden, als vollbeschäftigte Lehrkräfte an einer öffentlichen, als Hilfskräfte an einer Privatschule. Von einer Übersichtstabelle über das gesamte höhere Mädchenschulwesen Deutschlands ist daher auch Abstand genommen; eine solche würde nach dem hier vorliegenden Material doch keine Übersicht gewährt haben. -- Die äufsere und innere Ungleichheit der einzelnen Berichte hängt mit dem zur Verfügung stehenden Material zusammen.

1. Königreich Preufsen.

In Bezug auf die Entwicklung der höheren Mädchenschule in Preufsen ist im allgemeinen auf Abschnitt A. zu verweisen. Über die Geschichte derselben seit 1873 ist folgendes nachzutragen.

Seitdem Preufsen im Jahre 1873 mit der Augustkonferenz in der Regelung des höheren Mädchenschulwesens die

Initiative ergriffen und in deren Beschlüssen, wenn sie auch nicht Gesetzeskraft erhielten, eine Richtschnur für die höheren Mädchenschulen geschaffen hatte, hat es sich im wesentlichen der weiteren Entwicklung gegenüber abwartend verhalten. Die nötig erscheinenden Anordnungen erfolgten auf dem Verwaltungswege. So wurden durch die Ministerialerlasse vom 8. Mai und vom 13. Juni 1883, vom 19. März 1884 und vom 9. Juli 1885 ergänzende Anordnungen hinsichtlich der Lehrziele und Methoden, sowie der Ressort-Verhältnisse (siehe diese) getroffen.

Der Wunsch nach festen gesetzlichen Bestimmungen in Bezug auf die äußere und innere Organisation der höheren Mädchenschule veranlaßte den Preufsischen Verein öffentlicher höherer Mädchenschulen[1]), im Juni 1891 dem damaligen preufsischen Kultusminister Grafen Zedlitz die Bitte vorzutragen, derselbe wolle nach Regelung der neuen Lehrpläne für die höheren Knabenschulen nunmehr auch die Ordnung des Mädchenschulwesens im preufsischen Staat in die Hand nehmen. Auf Veranlassung des Ministers formulierte der Verein seine Wünsche und Vorschläge und reichte sie im März 1892 dem Ministerium ein. Diese Vorschläge bringen keine nennenswerten Änderungen in den Lehrzielen der Mädchenschulen, sehr wesentliche dagegen auf dem Gebiet der Organisation. Die Trennung zwischen höheren und mittleren Mädchenschulen soll streng durchgeführt werden. Aufser den Unterschieden in Lehrzielen und Kursusdauer soll ein wesentlicher Unterschied in der Zusammensetzung des Lehrkörpers gemacht werden. Für die Mittelmädchenschulen lauten die Vorschläge:

„Der Lehrkörper der Mittel-Mädchenschulen besteht zu gleichen Teilen aus seminaristisch gebildeten Lehrern und aus Lehrerinnen. Für die Hälfte der ersteren ist Mittelschullehrer-Be-

---

[1]) Im Jahre 1886 hatte sich eine größere Anzahl preufsischer Lehrer vom Deutschen Verein losgelöst und hatte 1887 einen neuen Verein begründet. Dieser Preufsische Verein für öffentliche höhere Mädchenschulen beschränkt den Kreis seiner Mitglieder auf Lehrer und Lehrerinnen an öffentlichen höheren Mädchenschulen einer bestimmten Kategorie.

fähigung, für die Hälfte der letzteren die Lehrbefähigung für höhere Mädchenschulen erforderlich.

Die Befähigung zur Leitung der Mittel-Mädchenschulen wird durch die Ablegung der Prüfung für Rektoren oder der Schulvorsteherinnen-Prüfung erworben."

Für die höhere, sogenannte Obermädchenschule lauten die Vorschläge:

„Der Lehrkörper setzt sich aus akademisch gebildeten Lehrern, aus seminaristisch gebildeten Lehrern und aus Lehrerinnen zusammen. Die Zahl der akademisch gebildeten Lehrer entspricht in der Regel der Zahl der Klassen der Oberstufe.

Die Leitung der Schule liegt in der Hand eines akademisch gebildeten Mannes, der den Titel Direktor führt."

Verwendung der Lehrkräfte.

„Die Beschäftigung der einzelnen Kategorieen von Lehrkräften ist keineswegs auf die eine oder andere bestimmte Stufe beschränkt, insbesondere sind weder die akademisch gebildeten Lehrer von dem Unterricht auf der Unter- und Mittelstufe, noch die seminaristisch gebildeten Lehrer und die Lehrerinnen von dem wissenschaftlichen Unterricht auf der Oberstufe ausgeschlossen."

Da durch diese Vorschläge die Lehrerinnen von der Leitung der höheren Mädchenschulen ganz ausgeschlossen werden sollten, so reichte der Allgemeine Deutsche Lehrerinnenverein in Vertretung ihrer Interessen am 12. September 1892 dem preufsischen Kultusminister, Herrn Dr. Bosse, eine Petition ein mit der Bitte, es möchten bei einer (vom Minister in Aussicht gestellten) Konferenz in dieser Angelegenheit auch Lehrerinnen und zwar in gleicher Anzahl wie Lehrer zugezogen werden. Die Bitte wurde folgendermafsen begründet:

„Wir sind der festen Überzeugung, dafs es zu einer gesunden Entwicklung unserer weiblichen Jugend durchaus notwendig ist, dafs dieselbe auch in der Schule hinreichenden weiblichen Einflufs erfährt. Ganz besonders aber thut ihr dieser not auf der Oberstufe der Schulen, in den Jahren, in denen es gilt, Lebensgewohnheiten und sittliche Anschauungen zu bilden, die mit der besonderen Lebensaufgabe der Frau zusammenhängen. Die erziehliche Einwirkung der Frau ist gerade in diesen Jahren in keiner Weise durch die des Mannes zu ersetzen.

Die Möglichkeit einer tiefgehenden erziehlichen Einwirkung steht nun aber im Schulleben im engsten Zusammenhange einerseits mit der Art der unterrichtlichen Thätigkeit, andererseits mit der Art der Stellung im Schulorganismus: mit der Schul- und Klassenleitung.

In den Regelungsvorschlägen des Preufsischen Vereins finden wir nun die Schulleitung der höheren, sogenannten Obermädchenschulen, ausschliefslich dem Manne zuerteilt. Es liegt ferner, da die Zahl der akademisch gebildeten Lehrer in der Regel gleich sein soll der Zahl der Klassen der Oberstufe, die hohe Wahrscheinlichkeit vor, dafs, dem jetzigen Gebrauch entsprechend, sowohl die Klassenleitung (das Ordinariat) als die meistens damit verbundenen ethischen Fächer in der Regel in die Hände von Männern gelegt werden sollen. Die Mitbeteiligung der Lehrerinnen beim Unterricht auf der Oberstufe ist keineswegs als notwendig, nur als nicht ausgeschlossen hingestellt, so dafs jede Garantie dafür fehlt, dafs an den öffentlichen höheren Mädchenschulen den Lehrerinnen in Zukunft ein gröfserer Einflufs auf die Erziehung der heranwachsenden Mädchen eingeräumt werden wird, als der durchaus ungenügende, den man ihnen jetzt gestattet. . . . . .

Wir sind uns nun sehr wohl bewufst, dafs es den Lehrerinnen i. a. an der wissenschaftlichen Durchbildung fehlt, die zur Erfüllung der Aufgaben, die wir ihnen vorzugsweise zugewiesen sehen möchten, notwendig ist. Wir haben uns aus diesem Grunde schon im vorigen Jahre an das preufsische Kultusministerium mit der Bitte gewandt, den Lehrerinnen eine gründliche wissenschaftliche Bildung zu ermöglichen; die günstige Antwort, die uns zu teil wurde, läfst uns hoffen, dafs die wissenschaftliche Bildung der Lehrerinnen zu den ersten Gegenständen gehören wird, die bei den Beratungen über das Mädchenschulwesen zur Sprache kommen werden."

Eine Petition ähnlichen Inhalts wurde von der „Abteilung für die Angelegenheiten der Lehrerinnen" des Deutschen Vereins für das höhere Mädchenschulwesen am 25. September 1892 eingereicht. In der Begründung heifst es:

„Drei Gründe sind es besonders, welche uns zu dieser Bitte (auch Lehrerinnen zu den Konferenzen zuzuziehen) bewegen. Einmal greift die Feststellung der inneren Verhältnisse der höheren Mädchenschulen aufs tiefste in die Existenz vieler Tausende von Lehrerinnen, die schon jetzt keinen leichten Lebenskampf zu vollbringen haben.

Sodann erscheinen die vom Preufsischen Verein gemachten Vorschläge nicht geeignet, den Einflufs wirklich tüchtiger Lehrerinnen auf die reiferen Schülerinnen, welcher gerade in den öffentlichen Schulen noch sehr gering ist, zu vermehren: ein Umstand, welcher eine Gefahr für die weibliche Jugend, aber auch eine Schädigung der idealsten Bestrebungen tüchtiger Lehrerinnen in sich schliefst.

Endlich fehlt den Lehrern zum grofsen Teil die persönliche Erfahrung von den Bedürfnissen und Schwierigkeiten der kleineren Privatschulen, welche in zahlreichen Städten ganz unentbehrlich sind, dort aber oft nur durch die Aufopferung und Selbstlosigkeit hart arbeitender Lehrerinnen erhalten werden können.

Auch seitens der Mittelschullehrer, die sich durch die Vorschläge des Preufsischen Vereins gleichfalls von der Leitung der höheren Mädchenschulen, die ihnen bisher nach Ablegung der Prüfung pro rectoratu übertragen werden konnte, ausgeschlossen sahen, ist eine Petition beim Kultusminister eingereicht worden. Rückäufserungen auf diese Petitionen sind bis jetzt noch nicht erfolgt. Die Regelung des höheren Mädchenschulwesens wird als demnächst bevorstehend angesehen.

Gegenwärtiger Stand des preufsischen höheren Mädchenschulwesens.

Über die Lehrfächer und Lehrerkollegien vgl. die Protokolle der Augustkonferenz. In Bezug auf die Lehrziele gelten gleichfalls die in der Augustkonferenz festgestellten Normen, mit einigen, teils durch den Ministerialerlafs vom 9. Juli 1885 gebotenen, teils sonst als notwendig erkannten Beschränkungen. Für die Berliner Schulen ist ein Normallehrplan erlassen worden. Die genaue Lehrordnung der einzelnen Schulen ist aus den Programmen zu ersehen, die von den preufsischen wie von den übrigen deutschen höheren Mädchenschulen alljährlich ausgegeben werden. Einem Teil derselben sind wissenschaftliche Beilagen hinzugefügt.

Die Ressortverhältnisse sind noch nicht einheitlich geordnet. Der Ministerialerlafs vom 13. Juni 1883 führt aus, dafs die Entwickelung des höheren Mädchenschulwesens noch in vollem Flusse begriffen sei und dafs es darum bedenklich sein würde, schon jetzt durch uniformierende Normativbestimmungen in dieselbe einzugreifen. Es heifst daselbst:

„Insbesondere macht es die Vielgestaltigkeit der in Betracht kommenden Schulen, sowie die Verschiedenheit der Bedürfnisse, welchen sie genügen sollen, und der Lebensverhältnisse an den Orten, an welchen sie sich befinden, nicht möglich, eine Unterscheidung zwischen höheren und mittleren Schulen zu treffen, auf welche eine Sonderung in der höheren Aufsichtsinstanz gegründet werden könnte.

Dagegen hat sich allerdings das Bedürfnis herausgestellt, die örtliche und die Kreisschulaufsicht nach Lage der besonderen Verhältnisse der einzelnen Mädchenschulen ihrem Charakter gemäfs besonders zu ordnen. In dieser Beziehung sind schon jetzt verschiedene Wege eingeschlagen worden.

Was zunächst die Ortsschulaufsicht betrifft, so ist diese bei voll ausgestalteten höheren Mädchenschulen mehrfach, unter gleichzeitiger Bildung von Kuratorien, den Dirigenten der Anstalten selbst übertragen worden.

In der Kreis-Schulaufsichtsinstanz sind derartige Schulen nicht ohne weiteres dem Wirkungskreis des mit der Beaufsichtigung des Volksschulwesens beauftragten Kreis-Schulinspektors zugewiesen; vielmehr ist in jedem einzelnen Falle eine Prüfung eingetreten, ob dieses zu geschehen habe, oder ob ein besonderer Kreis-Schulinspektor für diese Kategorie von Schulen zu bestellen sei, oder ob die Königliche Regierung etc. dieselbe an sich nehmen wolle. In den Bezirken, in welchen eine derartige Ordnung der Angelegenheit noch nicht stattgefunden hat, wird eine solche nicht länger aufzuschieben sein."

Thatsächlich liegen die Verhältnisse zur Zeit so, dafs einige Anstalten direkt dem Provinzial-Schulkollegium unterstehen wie die höheren Knabenschulen, andere den königlichen Regierungen, wieder andere den Kreisschulinspektionen oder den städtischen Schuldeputationen, die nach dem Gesetz den Kreisschulinspektionen gleich zu achten sind. — Die Privatschulen stehen unter der Kreisschulinspektion bezw. unter der städtischen Schuldeputation.

Die Zahl der in Preufsen bestehenden öffentlichen höheren Mädchenschulen beträgt 206. Das neueste Verzeichnis derselben bringt das Centralblatt für die gesamte Unterrichtsverwaltung in Preußen (Januar-Februarheft 1893), jedoch mit dem Bemerken, daß durch die Aufnahme einer Schule in das Verzeichnis an ihren Rechtsverhältnissen nichts geändert wird. Von diesen 206 höheren Mädchenschulen sind vier königlich: die **Elisabethschule** in **Berlin** (die älteste öffentliche höhere Mädchenschule in Preußen), die **Augustaschule in Berlin**, die **Luisenschule in Posen** und die höhere Mädchenschule in **Trier**. Die übrigen sind, bis auf einige wenige Stiftungs- oder Genossenschaftsschulen, städtische Anstalten.

Neben diesen öffentlichen Schulen bestehen 647 private mittlere und höhere Mädchenschulen (davon werden 532 als höhere angesehen). Außerdem bestehen einige Privatanstalten, die dazu bestimmt sind, den Mädchen und Frauen eine über die Schul- und etwaige Oberklassen- oder Selektabildung hinausgehende wirkliche wissenschaftliche Bildung zu geben. Es sind dies:

1. das **Victoria-Lyceum zu Berlin**, unter dem Protektorat I. M. der **Kaiserin Friedrich**, welches neben Unterrichts- und Vortragscyklen für Frauen seit 1888 wissenschaftliche Fortbildungskurse für Lehrerinnen im Deutschen und in der Geschichte, neuerdings auch im Englischen und Französischen eingerichtet hat. Diese Kurse bezwecken die Erlangung einer der akademischen annähernd gleichwertigen Bildung. Die Anstalt erhält für diesen Zweck einen Staatszuschuß.

2. Zwei Anstalten des **Wissenschaftlichen Centralvereins zu Berlin**:

a) Die **Humboldt-Akademie**.

Sie bezweckt, „solchen Personen, welche die Universität nicht besuchen können oder bereits verlassen haben, durch systematische Vortragscyklen und andere geeignete Mittel Gelegenheit zu einer höheren harmonischen wissenschaftlichen Weiterbildung zu geben und sie in Zusammenhang mit den Fortschritten der sich entwickelnden Wissenschaft zu halten".

Seit Errichtung der Humboldt-Akademie (1878) wurden in 38 Quartalen zusammen 739 Vortragscyklen von 18859 eingeschriebenen Hörern besucht. Von diesen waren etwa 40% Frauen.

b) Die Realkurse für Frauen.

Sie beabsichtigen im allgemeinen, den Frauen Gelegenheit zu einer etwa der des Realgymnasiums entsprechenden Bildung zu geben, insbesondere die Vorbereitung für das Studium auf ausländischen (Schweizer) Universitäten. (Auf deutschen Universitäten werden Frauen als ordentliche Hörerinnen überhaupt nicht, als aufserordentliche nur in ganz seltenen Fällen zugelassen.)

Übersicht über die höheren Mädchenschulen in Preufsen.

I. Öffentliche höhere Mädchenschulen.   Zahl.
1. Öffentliche höhere Mädchenschulen   206
2. Unter den Schulen sind solche
   mit 1 aufsteigenden Klasse   6
       mit Schülerinnen   132
   „ 2 aufsteigenden Klassen   12
       mit Schülerinnen   395
   „ 3 aufsteigenden Klassen   14
       mit Schülerinnen   839
   „ 4 aufsteigenden Klassen   16
       mit Schülerinnen   1315
   „ 5 aufsteigenden Klassen   18
       mit Schülerinnen   1940
   „ 6 aufsteigenden Klassen   20
       mit Schülerinnen   2810
   „ 7 und mehr aufsteigenden Klassen . . .   120
       mit Schülerinnen   37504
3. Gesamtzahl der Schülerinnen . . . . 44935[1])
4. Vollbeschäftigte Lehrer   973
5. Vollbeschäftigte Lehrerinnen   866
6. Nichtvollbeschäftigte Hilfslehrer   295
7. Nichtvollbeschäftigte Hilfslehrerinnen   58
8. Aufserdem nichtvollbeschäftigte Handarbeitslehrerinnen   368

II. Öffentliche Mädchen-Mittelschulen.
1. Öffentliche Mädchen-Mittelschulen . . .   92

---
[1]) Darunter befinden sich 157 Knaben.

2. Unter den Schulen sind solche
mit 1 aufsteigenden Klasse 1
    mit Schülerinnen 12
„ 2 aufsteigenden Klassen 5
    mit Schülerinnen 197
„ 3 aufsteigenden Klassen 4
    mit Schülerinnen 252
„ 4 aufsteigenden Klassen 5
    mit Schülerinnen 438
„ 5 aufsteigenden Klassen 9
    mit Schülerinnen 1452
„ 6 aufsteigenden Klassen 19
    mit Schülerinnen 6101
„ 7 und mehr aufsteigenden Klassen . . . 49
    mit Schülerinnen 20250
3. Gesamtzahl der Schülerinnen . . . . 28702 [1])
4. Vollbeschäftigte Lehrer 461
5. Vollbeschäftigte Lehrerinnen 356
6. Nichtvollbeschäftigte Hilfslehrer 65
7. Nichtvollbeschäftigte Hilfslehrerinnen 28
8. Aufserdem nichtvollbeschäftigte Handarbeitslehrerinnen 153
    Dazu kommen noch 68 öffentliche Mittelschulen für Knaben und Mädchen. Die Zahl der sie besuchenden Mädchen beträgt 8893

III. Abgelegte Prüfungen der vollbeschäftigten Lehrkräfte an den öffentlichen höheren Mädchen- und Mädchen-Mittelschulen.

1. Öffentliche höhere Mädchenschulen.
  a) Lehrer: Volksschullehrer-Prüfung 350
          Mittelschullehrer-Prüfung 122
          Prüfung pro rectoratu 117
          Prüfung für das höhere Lehramt bezw. geistliche Amt 367
          Fachlehrer-Prüfung 2
          Unbesetzte Stellen 15
                        Zusammen: 973

  b) Lehrerinnen: Prüfung für Volksschullehrerinnen . 95
              Prüfung für Lehrerinnen an höheren Mädchenschulen 617
              Prüfung als Schulvorsteherin 55

[1]) Desgl. 23 Knaben.

Fachlehrerinnenprüfung	13
Nicht geprüft	20
Geprüfte vollbeschäftigte Handarbeitslehrerinnen	58
Nichtgeprüfte Handarbeitslehrerinnen	6
Unbesetzte Stellen	2
Zusammen:	866

2. Öffentliche Mädchen-Mittelschulen.

a) Lehrer:

Volksschullehrer-Prüfung	278
Mittelschullehrer-Prüfung	75
Prüfung pro rectoratu	82
Prüfung für das höhere Lehramt bezw. geistliche Amt	24
Fachlehrer-Prüfung	—
Unbesetzte Stellen	2
Zusammen:	461

b) Lehrerinnen:

Prüfung für Volksschullehrerinnen	47
Prüfung für Lehrerinnen an höheren Mädchenschulen	239
Prüfung als Schulvorsteherin	13
Nicht geprüft	5
Geprüfte vollbeschäftigte Handarbeitslehrerinnen	40
Nichtgeprüfte Handarbeitslehrerinnen	10
Unbesetzte Stellen	2
Zusammen:	356

IV. Private höhere Mädchen- und Mädchen-Mittelschulen.

1. Private höhere Mädchen- und Mädchen-Mittelschulen 647
2. Unter den Schulen sind solche

mit 1 aufsteigenden Klasse	126
mit Schülerinnen	1682
„ 2 aufsteigenden Klassen	75
mit Schülerinnen	1897
„ 3 aufsteigenden Klassen	81
mit Schülerinnen	3422
„ 4 aufsteigenden Klassen	86
mit Schülerinnen	5845
„ 5 aufsteigenden Klassen	69
mit Schülerinnen	6481

mit 6 aufsteigenden Klassen 41
mit Schülerinnen 4863
„ 7 und mehr aufsteigenden Klassen ... 169
mit Schülerinnen 33752
3. Gesamtzahl der Schülerinnen 57942
4. Vollbeschäftigte Lehrer 130
5. Vollbeschäftigte Lehrerinnen 2733
6. Nichtvollbeschäftigte Hilfslehrer 1690
7. Nichtvollbeschäftigte Hilfslehrerinnen 499
8. Handarbeitslehrerinnen 1072
Aufserdem bestehen 291 von Knaben und Mädchen besuchte Privatschulen mit einem über die Volksschule hinausgehenden Lehrziele. Die Zahl der sie besuchenden Mädchen beträgt 7824

Übersicht
betreffend die Beteiligung der Lehrerinnen am wissenschaftlichen Unterricht in den Oberklassen der höheren Mädchenschulen.

	Es werden wissenschaftliche Lehrstunden erteilt wöchentlich in / in I a u. I b / II a u. II b	Summe der wissenschaftlichen Lehrstunden pro Woche in I u. II	Von den Stunden fallen auf Lehrer	Lehrerinnen	Die Leitung der Anstalt liegt in den Händen eines / einer Lehrers / Lehrerin
A) Öffentliche Schulen	6059	6112	12171	7914	4257	195[1]	19
B) Staatlich subventionierte Privatanstalten	1858	1569	3427	544	2883	10	72
C) Reine Privatschulen	10541	10775	21316	5153	16163	58	392
Überhaupt	18458	18456	36914	13611	23303	263	483

2. Königreich Bayern.

Die bayerischen höheren Mädchenschulen sind, soweit sie nicht klösterliche Anstalten sind, wie im übrigen Deutschland auf die Entwickelung des höheren Bürgertums zurückzuführen. Unter den Privatschulen ist eine der ältesten das Seidelsche Institut in Nürnberg (1804 gegründet). Besonders bemerkens-

---
[1]) Die Gesamtzahl der öffentl. höheren Mädchenschulen ist bei dieser Erhebung mit 214 angegeben.

wert ist auch das von Stettensche Töchtererziehungsinstitut in Augsburg. Nach dem Willen der Stifterin, Anna Barbara von Stetten, hatte es vorzüglich den Zweck, einer frühverwaisten Jugend den Verlust der elterlichen Liebe und Pflege zu ersetzen. -- In Augsburg, Nürnberg und Ansbach wurden durch die Initiative Stephanis höhere Mädchenschulen geschaffen oder neu organisiert.

In Bayern finden wir vielfach die Einrichtung, dafs die höheren Mädchenschulen nicht organisch mit den Elementarklassen verbunden sind, sondern sich auf der Volksschule aufbauen. In München ist dieses System ganz streng durchgeführt. Die höhere Mädchenschule zu München nimmt ihre Schülerinnen nicht vor dem zehnten (und nicht nach dem zwölften) Lebensjahre in ihre unterste Klasse auf. Die ersten drei Jahre werden sämtliche Kinder in der Volksschule unterrichtet. Die Volksschule umfafst das Alter von sechs bis dreizehn Jahren und ist für alle Kinder ohne Ausnahme unentgeltlich. Die ersten vier Schuljahre mufs jedes Kind durchmachen (in ganz vereinzelten Fällen wird der Volksschulunterricht durch Privatunterricht ersetzt; dies bedarf aber der Genehmigung der Lokalschulkommission). Die Töchter der sogenannten höheren Stände treten nach dem vierten oder fünften Schuljahr in der Regel in ein Privatinstitut oder in eine öffentliche höhere Mädchenschule ein.

Die gleiche Einrichtung finden wir in einer Anzahl anderer Städte. Anderswo sind wieder die höheren Mädchenschulen organisch mit Elementarklassen verbunden, so z. B. in Nürnberg, Erlangen und in vielen klösterlichen Anstalten.

Als Muster eines Lehrprogramms für die höhere weibliche Bildung in Bayern, in dessen Rahmen sich mit mehr oder weniger Einschränkung des Unterrichtsstoffes die meisten der gleiche Zwecke verfolgenden weiblichen Erziehungsanstalten bewegen, kann das der städtischen höheren Töchterschule in München gelten. Die Schule umfafst sechs Klassen (vom fünften bis zum zehnten Schuljahr). Die Aufnahme einer Schülerin ist aufser durch ein bestimmtes Alter auch durch eine Prüfung bedingt, bei welcher der in der IV. Klasse der Münchener Volksschule behandelte Lehrstoff vorausgesetzt wird. Der Lehrplan schreibt in Bezug auf **Unterrichtsgegenstände und Lehrziele** Folgendes vor:

1. Unterrichtsgegenstände.
a) obligatorische: dieselben wie in den preufsischen Schulen.
b) fakultative: weibliche Handarbeiten in den drei oberen Jahresklassen und Stenographie.

II. Lehrziele.

1. Religion.

In der Religion ist das Lehrziel für jede einzelne Klasse angegeben, wie es im Einverständnis mit den kirchlichen Behörden sowohl für die katholische, als für die protestantische und die israelitische Religion festgestellt worden ist.

2. Deutsche Sprache.

Der Unterricht in der deutschen Sprache hat die Schülerinnen zur Auffassung prosaischer und poetischer Lesestücke, zu richtigem, dialektfreiem Sprechen, zu ausdrucksvollem Lesen und verständnismäfsigem Vortrage anzuleiten und sie im mündlichen und schriftlichen Gebrauch der Muttersprache zu einem gewandten, stilistisch angemessenen, auf klarem Verständnis der Sprachgesetze beruhenden Gedankenausdruck zu befähigen. Er soll ferner die Kenntnis der hervorragendsten Erzeugnisse unserer Nationallitteratur, soweit dieselben sich für die weibliche Jugend eignen, vermitteln und dadurch mit dem Gefühl für das Schöne und Edle die Hochachtung vor dem Geistesleben des deutschen Volkes, sowie die Vaterlandsliebe in den Herzen der Jugend wecken und nähren.

3. Französische Sprache.

Einführung in die Formenlehre und Syntax der französischen Sprache, Sicherheit und Gewandtheit im mündlichen und schriftlichen Gedankenausdrucke über Gegenstände aus dem Anschauungskreise der Schülerinnen und im Geiste des fremden Idioms; Fähigkeit, das von andern mündlich und schriftlich hierüber Ausgedrückte aufzufassen. Kenntnis der hervorragendsten französischen Schriftsteller und ihrer für die weibliche Jugend geeigneten Hauptwerke, sowie Bekanntschaft mit den wichtigsten Momenten aus der Geschichte der französischen Litteratur.

4. Englische Sprache.

Richtige Aussprache, Kenntnis der grammatikalischen Formen und Gesetze. Sicherheit in der Orthographie. Befähigung zum mündlichen und schriftlichen Gedankenausdruck über Gegenstände aus dem Anschauungskreise der Schülerinnen und zur Auffassung des von anderen hierüber mündlich oder schriftlich Ausgedrückten. Besonders aber Einführung in die englische Litteratur und Verwertung derselben für die intellektuelle und ethische Bildung durch unterrichtliche Behandlung einzelner für die weibliche Jugend bedeutsamer Werke.

5. Rechnen und Raumlehre.

a) Im Rechnen Sicherheit und Fertigkeit in der mündlichen und schriftlichen Anwendung der vier Grundrechnungsarten mit reinen, benannten und angewandten ganzen und gebrochenen Zahlen. Kenntnis der Mafse, Münzen und Gewichte. Unter Anwendung des Schlufsrechnens Sicherheit und Gewandtheit in der Lösung von Aufgaben aus dem bürgerlichen Leben. Die üblichen Rechnungsvorteile und Rechnungsabkürzungen zur Erzielung von Gewandtheit und möglichster Kürze im rechnerischen Verfahren.

b) In der Raumlehre Kenntnis und Vorstellung der einfachsten geometrischen Gebilde. Fertigkeit in den im praktischen Leben vorkommenden Berechnungen der einfachen Raumgröfsen.

6. Geographie.

Unter Verzichtleistung auf unwichtige und leicht dem Vergessen anheimfallende Einzelkenntnisse ist eine verständige Anschauung der geographischen Verhältnisse einerseits der wichtigeren Kulturländer, besonders Deutschlands, andererseits der Erdoberfläche im allgemeinen und der Stellung der Erde im Weltall zu erzielen und zugleich das Verständnis der Gesetzmäfsigkeit geographischer Verhältnisse und die Erkenntnis des ursächlichen Zusammenhangs, welcher zwischen der Ländernatur und der bürgerlichen und geschichtlichen Entwickelung der Bevölkerung besteht, anzubahnen.

7. Geschichte.

Der Geschichtsunterricht hat einerseits die Aufgabe, den Schülerinnen eine übersichtliche Kenntnis der Geschichte der wichtigsten Kulturvölker zu vermitteln und sie mit grofsen Persönlichkeiten und Ereignissen, mit Zeitverhältnissen und Kulturzuständen, namentlich des deutschen Volkes, bekannt zu machen. Andererseits soll der Geschichtsunterricht durch Betrachtung des Geisteslebens der Völker und ihrer Entwickelung ein selbständiges und richtiges Urteil über geschichtliche Thatsachen und Verhältnisse anbahnen und soll durch Weckung der Vaterlandsliebe, durch Begeisterung für das Grofse und Gute und durch die Erkenntnis einer höheren göttlichen Weltordnung die allgemeine sittliche Veredlung fördern.

8. **Naturkunde.**

Dem naturkundlichen Unterricht kommt die Aufgabe zu, richtige Vorstellungen von den Naturkörpern, deren Entwickelung, Eigenschaften und Beziehungen untereinander und zum Menschen (Nutzen und Schaden), sodann eine hinreichende Kenntnis der ins praktische Leben am meisten eingreifenden Naturerscheinungen, ihres gesetzmäfsigen Verlaufes und ihrer Ursachen zu vermitteln, ferner richtige Vorstellungen von dem Leben der Natur sowohl wie dieselbe an sich als auch wie sie im Verhältnis zum Menschen erscheint, zu erzeugen, die Sinne für das Beobachten der Naturkörper und der Naturerscheinungen empfänglich zu machen, das Interesse für das Naturleben und die Naturschönheiten sowie die Liebe zur Natur zu erwecken und das Gemüt zu pflegen.

9. **Zeichnen.**

Weckung und Läuterung des Gefühles für das Schöne im allgemeinen, besonders für ästhetisch schöne Formen und Farben in Natur und Kunst. Anregung der Phantasie zur erfinderischen Thätigkeit auf dem Gebiete der Verzierung weiblicher Handarbeiten. Übung der Fertigkeit, ebene Zierformen und einfache körperliche Gegenstände richtig aufzufassen und in freier Zeichnung darzustellen.

10. **Schönschreiben.**

Einerseits Erlangung einer deutlichen, gefälligen Handschrift in der deutschen und lateinischen Schrift, anderseits Hebung des Sinnes für Sauberkeit, Ordnung und Schönheit; Einübung der Rundschrift.

11. **Gesang.**

Der Gesangsunterricht hat die Einsicht in die Elemente der Tonkunst zu vermitteln, das Ohr zu rascher und sicherer Auffassung der verschiedenartigen Tonverhältnisse zu bilden und die Stimme sprachlich und gesanglich zu schulen. Auf Aneignung eines entsprechenden Schatzes von Liedern, namentlich von Volks- und religiösen Liedern, soll besonders Bedacht genommen werden.

12. **Turnen.**

Naturgemäfse Entwickelung und Kräftigung des Körpers mit besonderer Berücksichtigung der Atmungsorgane; natürliche gefällige Haltung des Körpers in Bewegung und in Ruhe;

Bildung des Schönheitssinnes und des rhythmischen Gefühles; Schärfung der Geistesgegenwart und Förderung heiteren geselligen Sinnes. Der Gesang bildet ein wichtiges Hilfs- und Belebungsmittel des Turnunterrichtes.

13. **Weibliche Handarbeiten.**
Praktische Verwertung der Formen- und Farbenlehre im Anschlufs an den Freihand- und den geometrischen Zeichenunterricht. Pflege des Ordnungs- und Reinlichkeitssinnes, Gewöhnung an Arbeitsfreudigkeit und Ausdauer, Erweckung des Verständnisses von der Wichtigkeit elementarer Bestandteile für die Hervorbringung eines Ganzen, unter Berücksichtigung der späteren Bedürfnisse des häuslichen Lebens.

An der höheren Töchterschule wirken männliche und weibliche Lehrkräfte, zumeist als ordentliche, der Schule ganz angehörige Hauptlehrer und Hauptlehrerinnen; die Hauptlehrer I. Klasse, zur Zeit 5, müssen die staatliche Prüfung für das höhere Lehramt bestanden haben.

Die Oberaufsicht über die höhere Töchterschule hat die königl. Kreisregierung von Oberbayern; Verwaltung und Oberleitung der Stadtmagistrat, der sie innerhalb einer gewissen Grenze von einer Schulvorstandschaft ausüben läfst.

Übersicht über den Stand des höheren Mädchenschulwesens im Königreich Bayern.

Nach den neuesten statistischen Erhebungen (Schuljahr 1890/91).

Zahl der höheren, d. h. über das Ziel der Volksschule hinausgehenden Mädchenschulen in Bayern 127[1])
hiervon haben öffentlichen Charakter 24
„ „ privaten „ . . . . . 103[1])
Die Gesamtzahl der aufsteigenden Abteilungen,
in denen sie unterrichten, beträgt 639
Die Zahl der Lehrkräfte
a) männliche 592
b) weibliche . . . . 1077[2])
Die Zahl der Schülerinnen am Schlusse des Schuljahres . . . . 13336[3])
aufserdem noch Hospitantinnen 334

[1]) Hierunter 61 klösterliche Anstalten.
[2]) Davon ca. 960 wissenschaftliche, die übrigen technische Lehrerinnen.
[3]) Wieviel von den Abteilungen, Lehrkräften, Schülerinnen auf die öffentlichen, wieviel auf die privaten Anstalten entfallen, war aus dem vorhandenen Material nicht zu ersehen.

3. Königreich Sachsen.

In Bezug auf die Regelung des höheren Mädchenschulwesens im Königreich Sachsen ist folgendes zu bemerken:

Schon im Jahre 1875 war dem Landtage der Entwurf eines neuen Gesetzes für die höheren Lehranstalten des Landes zugegangen, in welchen auch die höheren Mädchenschulen aufgenommen waren. Der Landtag lehnte zwar die betreffende Bestimmung in dieser Allgemeinheit ab, forderte aber die Regierung auf, höhere Mädchenschulen, die so eingerichtet sind, daſs sie die Ziele der „höheren Volksschule" übersteigen, nach dem (am 22. August 1876 vom Könige bestätigten) Gesetz über die höheren Schulen zu verwalten. Diesem Gesetz wurden nunmehr durch Ministerialverordnung zwei höhere Mädchenschulen (s. unten) unterstellt.

Die Lehrfächer und Lehrziele der höheren Mädchenschule sind dieselben wie in Preuſsen. Über die Zusammensetzung des Lehrkörpers aus akademisch und seminarisch gebildeten Lehrern und aus Lehrerinnen bestehen gesetzliche, für das ganze Land gültige Feststellungen nicht. Doch wird gefordert, daſs der wissenschaftliche Unterricht auf der Oberstufe in den Händen akademisch gebildeter Lehrer liege; so viel Oberklassen einschlieſslich der Parallelklassen vorhanden sind, so viel akademisch gebildete Lehrer sind anzustellen.

Nach dem amtlichen Bericht über die gesamten Unterrichts- und Erziehungsanstalten im Königreich Sachsen (Dresden, 1890) bestanden am 2. Dezember 1889 in Sachsen zwei den höheren Lehranstalten im Sinne des Gesetzes vom 22. August 1876 eingereihte höhere Schulen für Mädchen, welche, nach 10 Jahresklassen gegliedert, ihre Zöglinge mit dem vollendeten 6. Lebensjahre aufnehmen.

1. Die städtische höhere Töchterschule in Dresden, früher eine halböffentliche Stiftungsschule, seit 1868 in städtischer Verwaltung.

2. Die städtische höhere Schule für Mädchen in Leipzig, 1871 gegründet.

An diesen beiden Schulen betrug die Zahl der

	Lehrerstellen	amtierenden Lehrkräfte	Hauptklassen	Parallelklassen	Schülerinnen
in Dresden	19	19	10	5	360
in Leipzig	21	23	10	6	450
Sa.	40	42	20	11	810

darunter 3 Nebenlehrer: 31

Mit Ausschlufs der 3 Nebenlehrer, die in technischen Fächern thätig waren, zählte man unter den am 2. Dezember 1889 thätigen Lehrern ihrer **amtlichen Stellung** nach:

Direktoren	Ständige bez. Oberlehrer		Hilfslehrer		Fachlehrer		Vikare	
männl.	männl.	weibl.	männl.	weibl.	männl.	weibl.	männl.	weibl.
2	22	8	—	—	1	4	2	—

27 + 12 = 39

Die genannten beiden höheren Mädchenschulen werden durch den Rat der betreffenden Städte verwaltet und vertreten. Die oberste Instanz für alle inneren und äufseren Angelegenheiten bildet das kgl. Ministerium des Kultus und des öffentlichen Unterrichts. Die Schulen erhalten einen Zuschufs aus Gemeindemitteln. Der Staat giebt zum Schulbetrieb keinen Zuschufs, übernimmt aber die Alters- und Reliktenversorgung.

Unter den Privatmädchenschulen mit höheren Unterrichtszielen gab es nach der obengenannten amtlichen Quelle am 2. Dezember 1889 nur **eine** staatlich anerkannte (d. h. die Rechte einer öffentlichen Anstalt geniefsende), eine Stiftungsschule mit Internat in Dresden. Es ist die höhere Töchterschule des Vereins „Zum Frauenschutz", gegründet 1846.

Sämtliche privaten und aufser den beiden obengenannten auch sämtliche übrigen städtischen sogenannten höheren Mädchenschulen werden, auch wenn sie in ihrer inneren und äufseren Einrichtung den beiden gesetzlich als höhere Schulen anerkannten mehr oder weniger nahestehen, nur zu den **höheren Volksschulen** gerechnet, die etwa den preufsischen Mittelschulen entsprechen. An städtischen höheren Mädchenschulen dieser Art zählt der Mushackesche Schulkalender 1892/93 eine in Bautzen, zwei in Chemnitz auf; aufserdem eine höhere Bürgerschule für Mädchen und zwei für beide Geschlechter in Leipzig.

An Privatmädchenschulen mögen etwa 30—40 in Sachsen bestehen; darunter verschiedene voll ausgestaltete, die ihrem Lehrplan nach den öffentlichen Schulen gleichstehen.

4. Königreich Württemberg.

In Württemberg wurde schon im Jahre 1818 durch die Königin Katharina eine höhere Mädchenschule, das K. Katharinenstift, ins Leben gerufen. Doch war im übrigen bis zum Jahre 1878 für die höhere Mädchenbildung nicht viel mehr geschehen, als dafs eine Anzahl öffentlicher und privater sogenannter höherer Töchterschulen Staatsbeiträge erhielten. In Bezug auf sämtliche Organisationsfragen, Lehrziele etc. herrschte die bunteste Mannigfaltigkeit. Der Württembergische Zweigverein für die Lehrer und Lehrerinnen an mittleren und höheren Mädchenschulen hatte nach dieser Richtung hin schon klärend zu wirken gesucht. Im Jahre 1877 erschien dann ein Ministerialerlafs, durch den der Begriff, der Lehrplan, die Zusammensetzung des Lehrpersonals, die Aufsichts- und Pensionsverhältnisse etc. der Mädchenschulen festgestellt wurden. Ein gleichfalls 1877 erlassenes „Gesetz, betreffend die Rechtsverhältnisse der Lehrer und Lehrerinnen an höheren Mädchenschulen, sowie die Aufsicht über die letzteren" regelte dann endgültig einige der betreffenden Punkte. Im Sinne dieses Gesetzes gilt im Königreich Württemberg als höhere Mädchenschule „eine Schule, welche ihre Zöglinge bis zum 16. Lebensjahre, womöglich in 9jähriger Schulzeit oder doch jedenfalls von der Mittelstufe (vom 4. Schuljahr) an unterrichtet und denselben den Besitz der zur höheren weiblichen Bildung gehörigen ethischen, sprachlichen und realistischen Kenntnisse und Fertigkeiten gewährt. Demgemäfs hat der Lehrplan zu umfassen: Religion (einschliefslich der Kirchengeschichte), Geschichte, deutsche Sprache und Litteratur, französische und englische Sprache, Rechnen, Naturkunde (Naturgeschichte, das Wichtigste aus Physik und Chemie, Gesundheitslehre), Geographie, ferner Schönschreiben, Zeichnen, Handarbeiten, Singen, Turnen.

Die Lehrziele sind im wesentlichen dieselben, wie in den preußischen Schulen. In Bezug auf das Lehrerkollegium spricht sich der Ministerialerlaß dahin aus, daß in der Regel ein akademisch gebildeter Vorstand zu wünschen sei, wie auch womöglich ein oder einige akademisch gebildete Lehrer.

Die höheren Mädchenschulen sind in Württemberg nicht staatlich, sondern werden entweder von einer Gemeinde auf ihre Rechnung gegründet und unterhalten, oder sie sind private, d. h. von Einzelpersonen oder einem Elternverein, oder einer Aktiengesellschaft gegründete. Doch werden zur Gründung und Unterhaltung der höheren Mädchenschulen angemessene Staatsbeiträge gegeben. Diese werden auch solchen Privatanstalten gewährt, die nicht auf Gewinn berechnet sind.

Die Aufsicht über die höheren Mädchenschulen führt eine besondere Kommission, die „Königliche Kommission für die höheren Mädchenschulen". Die Mittelschulen stehen unter der Aufsicht der Volksschulbehörden.

Übersicht über den Stand des höheren Mädchenschulwesens im Königreich Württemberg (vom 31. Dezember 1890).

I. Öffentliche höhere Mädchenschulen.

1. Öffentliche höhere Mädchenschulen im Sinne des Art. 1 des Gesetzes vom 30. Dez. 1877 (Mittelschulen ausgeschlossen) 9
2. davon haben
   9jährigen Kursus 4
   10jährigen Kursus 5
3. Zahl der Schülerinnen 1853
4. Zahl der Lehrer 62
   davon
   a) akademisch gebildete 20
   b) seminaristisch gebildete 25
   Die übrigen sind Fachlehrer, für die der Unterricht an den betr. Schulen nur Nebenfunktion ist.
5. Zahl der Lehrerinnen (Hilfslehrerinnen eingeschlossen) 42
   Anhang. Es bestehen außerdem zwei auf königlicher Privatstiftung beruhende höhere Mädchenschulen:
   a) das K. Katharinenstift

b) das K. Olgastift
beide haben 9jährigen Kursus.
Zahl der Schülerinnen 997
Zahl der Lehrer 35
Zahl der Lehrerinnen 41
Endlich giebt es noch 26 öffentliche Mittelschulen für Mädchen (Schulkomplexe mit je 1—12 Schulklassen).

II. Private höhere Mädchenschulen.

1. Private höhere Mädchenschulen im Sinne von Art. 2 des Gesetzes vom 30. Dez. 1877 2
2. davon haben
   9jährigen Kursus 2
   10jährigen Kursus . . . . —
3. Zahl der Schülerinnen 610
4. Zahl der Lehrer 21
5. Zahl der Lehrerinnen 14

Aufserdem existieren noch vielleicht ein Dutzend Privat-Mädchenschulen, die nicht unter den Art. 2 des Gesetzes von 1877 fallen.

5. Grofsherzogtum Baden.

Bis in die dreifsiger Jahre unseres Jahrhunderts hinein war im Grofsherzogtum Baden seitens des Staates oder der Gemeinden keinerlei Fürsorge in Bezug auf eine über das Ziel der Volksschule hinausgehende Mädchenbildung getroffen. Sie galt einfach als eine Angelegenheit der Familie. Privatanstalten im Lande selbst, „Pensionen" in den Familien von Geistlichen oder Lehrern und „Institute" im Auslande, besonders in der französischen Schweiz, gaben den Mädchen der gebildeten Stände Gelegenheit, sich einiges Wissen und gesellschaftliche Gewandtheit anzueignen. In den dreifsiger Jahren aber entstehen hier und da neben den Privatschulen öffentliche, d. h. von Gemeinden oder Korporationen gegründete und unterhaltene Schulen.

Das in diesen Schulen übermittelte Wissen war noch dürftig, wie im ganzen übrigen Deutschland. Den höheren Charakter sollte auch hier das Französische und etwa die Mythologie geben; doch unterschied sich, dem Bildungsgrad der Stände entsprechend, aus denen die Töchterschulen besucht wurden, auch die Behandlung der Lehrfächer von der in der Volksschule üblichen.

Die durch die Weimarer Versammlung von 1872 gegebene Anregung hatte auch eine Regelung des badischen Mädchenschulwesens zur Folge. Durch eine landesherrliche Verordnung vom 29. Juni 1877 wurde „das Mittelschulwesen[1]) für die weibliche Jugend" geregelt. Aus dieser Verordnung ist folgendes hervorzuheben:

Gemeinden, bezw. Stiftungen, welche auf Grund der nachfolgenden Bestimmungen höhere Mädchenschulen einrichten, können nach Mafsgabe der hierfür zur Verfügung stehenden Mittel Beiträge aus der Staatskasse erhalten.

Die höhere Mädchenschule hat einen siebenjährigen Lehrkursus; zur Aufnahme in die unterste Klasse ist das zurückgelegte 9. Lebensjahr erforderlich.

Die Lehrgegenstände dieser Schulen sind die in der Augustkonferenz festgesetzten.

Die Zahl der akademisch gebildeten Lehrer muſs einschliefslich des Vorstandes wenigstens drei betragen; aufser diesen sind wenigstens zwei sogen. Reallehrer und die erforderliche Anzahl geprüfter Lehrerinnen anzustellen.

Die unmittelbare Leitung der Anstalt liegt dem Vorstand ob; die örtliche Aufsicht führt ein Aufsichtsrat, in den auch Frauen berufen werden können; die obere pädagogische Leitung und Aufsichtsführung etc. kommt dem Oberschulrat zu.

Die Lehrziele entsprechen im ganzen den Bestimmungen der Augustkonferenz; eine Verfügung von 1886 bringt noch einige Stoffbeschränkung.

Den hier gestellten Bedingungen entsprechen zur Zeit sieben Schulen des Grofsherzogtums, die demgemäfs gesetzlich als höhere Mädchenschulen bezeichnet werden: die städtischen Schulen in Karlsruhe, Heidelberg, Freiburg,

---

[1]) Als Mittelschulen werden in Baden die zwischen den Volksschulen (als niederen) und den Universitäten (als höheren) stehenden Schulen bezeichnet, also auch die Gymnasien, Realschulen, höheren Bürgerschulen etc. für Knaben. Die badische Mittelschule ist also nicht Mittelschule im preufsischen Sinne.

Baden, Konstanz und Offenburg und eine Stiftungsschule in Mannheim. Diese Schulen erhalten also der obigen Verordnung entsprechend einen Staatszuschufs; der Staat übernimmt auch die Zahlung der Ruhegehälter. Die Schulen werden daher auch als staatlich-städtische bezeichnet. Von den genannten Schulen haben fünf durch Anfügung von drei Vorschulklassen (als Vorschule) einen zehnjährigen Unterrichtskursus. Zwei Anstalten überlassen wie in Bayern die Vorbereitung der Schülerinnen in den drei ersten Schuljahren der Volksschule und machen den Eintritt in die unterste Klasse von einer Aufnahmeprüfung abhängig. — Zwei Anstalten haben auch noch Oberklassen zur Vorbereitung auf die Lehrerinnenprüfung.

Übersicht über den Stand des höheren Mädchenschulwesens im Grofsherzogtum Baden.

1. Öffentliche Schulen (Schuljahr 1890/91).

	Zahl der Schulen	Kursusdauer unter 8 Jahren	8 Jahre	9 Jahre	10 Jahre	Zahl der Schülerinnen	Zahl der Lehrer		Zahl der Lehrerinnen	
							akademisch gebildet	seminarisch gebildet	wissenschaftlich	technische
1. Öffentliche höhere Mädchenschulen im Sinne der Verordnung v. 1877	7	2 (da die Vorschulklassen fehlen)	—	—	5	2518	20	27	40	9

2. Neben diesen höheren Mädchenschulen giebt es noch eine Anzahl städtischer Anstalten mit annähernd gleichem Lehrplan, die aber nicht aus der Staatskasse unterstützt, sondern nur aus Gemeindemitteln unterhalten werden. Auch Mittelschulen im preufsischen Sinne (Volksschulen mit 8 Jahrgängen, die Französisch auf ihrem Lehrplan haben) finden sich in verschiedenen Städten. Alle diese Schulen stehen wie die Volksschulen unter dem Kreisschulrat.

II. Privatschulen.

Es bestehen in Baden 23 Lehr- und Erziehungsanstalten von Privaten mit annähernd gleichem Lehrziel wie die öffentlichen höheren

Mädchenschulen. Sie unterstehen der Aufsicht des Kreisschulrats. Genaues statistisches Material ist darüber nicht vorhanden.

6. Grofsherzogtum Hessen.[1]

Wir finden schon im Jahre 1829 in Darmstadt eine höhere Mädchenschule, die jetzige Victoriaschule. Der heutige Stand des höheren Mädchenschulwesens in Hessen ist folgender.

Die Lehrfächer der höheren Mädchenschule sind die durch die Augustkonferenz festgestellten; die Lehrziele sind nicht einheitlich geregelt, halten sich aber im wesentlichen in dem sonst in Deutschland üblichen Rahmen. Die öffentlichen höheren Mädchenschulen des Grofsherzogtums sind städtische Anstalten, welche durch einen zwischen der Regierung und dem Stadtvorstand geschlossenen Vertrag zu bestimmten Leistungen verpflichtet sind; dagegen ist ihnen der Charakter einer höheren Lehranstalt zugebilligt worden. Die Unterhaltungskosten tragen die Gemeinden; die Pensionen sind auf die Staatskasse übernommen. Die Lehrerkollegien bestehen aus akademisch und seminarisch gebildeten Lehrern und aus Lehrerinnen. Feste Bestimmungen über die Zahl der akademisch gebildeten Lehrer bestehen nicht; doch wird im Prinzip daran festgehalten, dafs der wesentlichste Teil des Unterrichts auf der Oberstufe von akademisch gebildeten Lehrern gegeben wird. Die Schulen haben einen 10jährigen Kursus. Sie ressortieren vom Ministerium des Innern und der Justiz, Abteilung für Schulangelegenheiten, sind also damit im Prinzip den höheren Lehranstalten für die männliche Jugend gleichgestellt.

Aufser diesen öffentlichen höheren Mädchenschulen giebt

---

[1] Bei der Kürze der zur Beschaffung des statistischen Materials gegebenen Frist ist es bei einigen Staaten (Hessen-Darmstadt, den Mecklenburgischen Grofsherzogtümern, Sachsen-Koburg-Gotha und den Fürstentümern Reufs) nicht möglich gewesen, direktes amtliches Material zu erhalten. Die für diese Staaten gemachten Angaben dürfen jedoch als durchaus zuverläfsig gelten, da sie teils direkt von Fachleuten aus den betreffenden Ländern geliefert worden, teils deren gedruckten Mitteilungen neuesten Datums (s. Litteratur (entnommen sind.

es noch erweiterte Volksschulen, in den gröfseren Städten Mittelschulen genannt. Es giebt deren 6 ausschliefslich für Mädchen, 12 sind gemischt. Die Zahl der dort unterrichteten Mädchen beträgt 1725.

Die Privatschulen verfolgen in den gröfseren Städten dieselben Lehrziele wie die öffentlichen höheren Mädchenschulen; in den kleineren wird ihre Eigenschaft als höhere Schule oft nur durch den Betrieb der Fremdsprachen bezeichnet. Sie unterstehen den Grofsherzoglichen Kreisschulinspektionen.

Übersicht über den Stand des höheren Mädchenschulwesens im Grofsherzogtum Hessen.

	Zahl der Schulen	unter 8 Jahren	Kursusdauer 8 Jahre	9 Jahre	10 Jahre	Zahl der Schülerinnen	Zahl der Lehrer akademisch gebildet	seminarisch gebildet	Zahl der Lehrerinnen wissenschaftliche	technische
1. Öffentl. höhere Mädchenschulen (Mittelschulen ausgeschlossen) ..	6	—	—	—	6	2172	24	34	32	10
2. Private höhere Mädchenschulen (darunter 5 Schulen für Knaben und Mädchen) ..	39	Genaues statistisches Material nicht vorhanden. Die gröfseren Institute (in Darmstadt, Mainz, Offenbach etc.) haben 10jährigen Kursus.				ca. 2500	138¹) ¹) Meistens nur als Hilfskräfte thätig.		132	

7. Grofsherzogtum Mecklenburg-Schwerin.

Es giebt im Grofsherzogtum Mecklenburg-Schwerin keine gesetzlichen Feststellungen in Bezug auf die Kursusdauer, Klassenzahl, Zusammensetzung des Lehrerkollegiums etc. der höheren, insbesondere der öffentlichen höheren Mädchenschule. Thatsächlich haben die Leiter und Leiterinnen der höheren Mädchenschulen sich den Ansichten angeschlossen, die durch den Deutschen Verein für das höhere Mädchenschulwesen vertreten werden: sie verfolgen dem entsprechend auch im Prinzip die in der Augustkonferenz aufgestellten Lehrziele, wenn auch viele Privatschulen in kleineren Städten, durch die Verhältnisse gezwungen, mehr oder weniger dahinter zurückbleiben müssen. Die öffentlichen höheren Mädchenschulen haben teils einen eigenen Schulvorstand, teils stehen sie unter der Kommission für das Volksschulwesen.

Es bestehen drei öffentliche höhere Mädchenschulen (zu Wismar, Waren und Ludwigslust). Von diesen hat eine 9jährigen, zwei haben 10jährigen Kursus. Es unterrichten an diesen Schulen 10 akademisch und 9 seminarisch gebildete Lehrer und 19 Lehrerinnen (von den Lehrern viele nur als Hilfskräfte). Aufser den drei höheren bestehen noch fünf etwa den preufsischen Mittelschulen entsprechende Mädchenschulen. An sämtlichen acht öffentlichen Schulen werden ca. 1280 Schülerinnen unterrichtet.

Es bestehen ferner in den 42 Städten Mecklenburg-Schwerins 48 Privatmädchenschulen. Wenn man auch die Mädchenschulen in den Flecken und die ganz kleinen Organismen in den Städten hinzurechnet, so giebt es sogar 67 sogenannte höhere Privatmädchenschulen, von denen allerdings manche das Ziel der Volksschule kaum erheblich überschreiten dürften. Die beiden gröfsten Städte des Landes, Schwerin und Rostock, besitzen keine öffentliche höhere Mädchenschule: dagegen hat Schwerin 6 und Rostock 5 Privatmädchenschulen.

In den Privatmädchenschulen werden etwa 4540 Schülerinnen unterrichtet, und es sind an ihnen ca. 280 Lehrerinnen und eine Anzahl akademisch und seminarisch gebildeter Lehrer als Hilfskräfte thätig. In sämtlichen höheren Mädchenschulen liegt der Unterricht auch auf der Oberstufe vorzugsweise in den Händen von Lehrerinnen; nur an der städtischen höheren Mädchenschule in Wismar wird er vorwiegend von Lehrern erteilt.

8. Grofsherzogtum Sachsen-Weimar-Eisenach.

Gesetzliche Bestimmungen über Lehrziele, Kursusdauer etc. der höheren Mädchenschulen giebt es in Sachsen-Weimar nicht; im allgemeinen sind die für das übrige Deutschland geltenden Bestimmungen hier gleichfalls mafsgebend. An öffentlichen höheren Mädchenschulen bestehen zwei: die 1854 unter dem Namen Sophienstift von der regierenden Grofsherzogin errichtete Bildungsanstalt für Töchter höherer Stände in Weimar und die Karolinenschule (1848 gegründet, 1873 umgestaltet) in Eisenach. Von diesen Schulen steht die erstere direkt unter dem Protektorat und der obersten Leitung I. K. H. der Frau Grofsherzogin, die letztere unter derselben Aufsichtsbehörde wie die höheren Knabenschulen.

Übersicht über den Stand des höheren Mädchenschulwesens im Grofsherzogtum Sachsen-Weimar-Eisenach.

	Zahl der Schulen	unter 8 Jahren	Kursusdauer			Zahl der Schülerinnen	Zahl der Lehrer[1]		Zahl der Lehrerinnen	
			8 Jahre	9 Jahre	10 Jahre		akademisch gebildet	seminarisch gebildet	wissenschaftliche	technische
1. Öffentl. höhere Mädchenschulen	2	—	—	—	2	529	7	5 und 4 Fachlehrer	13	6
2. Private höhere Mädchenschulen	8	1	6	—	1	573	10	19	21	11

[1] Bei den Lehrern sind auch die Hilfslehrer mitgerechnet, deren Zahl besonders bei den privaten höheren Mädchenschulen nicht unbeträchtlich ist.

9. Grofsherzogtum Mecklenburg-Strelitz.

In Bezug auf das Allgemeine gilt von Mecklenburg-Strelitz das bereits bei Mecklenburg-Schwerin Gesagte. Die Zahl der öffentlichen höheren Mädchenschulen beträgt 2. Davon ist eine (die höhere Mädchenschule in Neustrelitz) grofsherzoglich, die andere (in Neubrandenburg) städtisch. Beide haben 9jährigen Kursus. Die erstere ist dem Konsistorium, die zweite dem Magistrat untergeordnet. Es unterrichten an den beiden Schulen 4 akademisch, 4 seminarisch gebildete Lehrer, 9 Lehrerinnen und 2 Hilfslehrer.

Es bestehen aufserdem noch 2 öffentliche Mittelschulen.

In den 4 öffentlichen Schulen zusammen werden etwa 772 Schülerinnen unterrichtet. Aufserdem bestehen 2 Privatschulen, in denen etwa 110 Schülerinnen von 7 Lehrerinnen und einigen Hilfslehrern unterrichtet werden.

10. Grofsherzogtum Oldenburg.

Schon in der Mitte des vorigen Jahrhunderts wurde in der Stadt Oldenburg eine Art von höherer Schule, von Knaben und Mädchen zugleich besucht, für die Kinder der sogenannten Kanzleisässigen, d. h. der Hof-, Civil- und Militärbediensteten, gegründet, die in ihren oberen Klassen wesentlich Mädchenschule war, da die vorgeschrittenen Knaben meistens in das Gymnasium übertraten. Im Jahre 1836 rief dann Prinz Peter von Oldenburg eine nach dem Muster des Württembergischen Katharinenstifts eingerichtete höhere Mädchenschule, die Cäcilienschule, ins Leben, die aber zu Ostern 1857 ihrer ungünstigen Geldverhältnisse wegen wieder einging. Das nächste Jahrzehnt hindurch war nur durch Privatschulen für eine höhere Bildung der Mädchen gesorgt, bis im Jahre 1867 eine städtische höhere Mädchenschule, die gleichfalls den Namen Cäcilienschule führt, eingerichtet wurde.

Die Lehrgegenstände und Lehrziele der höheren Mädchenschule sind in Oldenburg dieselben wie in Preufsen. Über die Zusammensetzung des Lehrerkollegiums bestehen bestimmte gesetzliche Vorschriften nicht.

Im Herzogtum Oldenburg selbst giebt es aufser der Cäcilienschule nur noch eine zweite öffentliche höhere Mädchenschule, und zwar in Varel. Von diesen beiden Schulen hat die in Oldenburg 10 Jahreskurse in 10 Klassen, die in Varel 9 Jahreskurse in 6 Klassen. In diesen beiden Schulen werden zusammen 355 Schülerinnen unterrichtet, und zwar von 5 akademisch und 6 seminarisch gebildeten Lehrern und 8 wissenschaftlichen und 3 technischen Lehrerinnen. In dem amtlichen Staatshandbuch für Oldenburg werden die beiden genannten Schulen als höhere aufgeführt. Aufser diesen beiden Anstalten besteht noch eine kleine öffentliche höhere Mädchenschule im

Fürstentum Birkenfeld, in der 40 Schülerinnen unterrichtet werden. Im ganzen Grofsherzogtum giebt es ferner noch 8 höhere Privatmädchenschulen und eine Anzahl von gemischten Bürgerschulen und sogenannten Stadtmädchenschulen mit einer über die Volksschule hinausgehenden Bildung, aber ohne fremdsprachlichen Unterricht.

Übersicht über den Stand des höheren Mädchenschulwesens im Grofsherzogtum Oldenburg.

	Zahl der Schulen	Zahl der Schülerinnen	Zahl der Lehrer		Zahl d. Lehrerinnen	
			akademisch gebildet	seminarisch gebildet	wissenschaftliche	technische
1. Öffentl. höhere Mädchenschulen (mit Einschlufs der Mittelschulen) . . .	6 (davon 3 Mittelschulen)	1144 (davon 749 in Mittelschulen)	6	19	17	7
2. Privatschulen	8	484	nicht ermittelt		32[1] [1] Darunter 11 katholische Lehrschwestern.	7

11. Herzogtum Braunschweig.

Im Herzogtum Braunschweig war bis zum Jahre 1863 für eine höhere Bildung der weiblichen Jugend nur durch Privatanstalten gesorgt. Unter diesen war vor allen die höhere Töchterschule des Frl. Pott in Braunschweig, im Jahre 1815 gegründet, bemerkenswert. Sie wurde im Jahre 1863 von der Stadt Braunschweig übernommen und in eine öffentliche höhere Mädchenschule verwandelt. Die Leitung wurde zunächst von dem Direktor der städtischen Volksschule mit übernommen, bis die Anstalt 1875 einen eigenen Direktor erhielt, der sie allmählich den seit der Augustkonferenz mafsgebend gewordenen Bestimmungen anpafste. Heute hat die Schule zehn Jahreskurse, zehn Oster- und neun Michaelisklassen. Von den Klassenlehrern der Oberstufe wird akademische Bildung verlangt. In Bezug auf die Zusammensetzung des Lehrkörpers ist im übrigen nur bestimmt, dafs derselbe aus

Lehrern und Lehrerinnen bestehen soll: ein Zahlenverhältnis ist nicht angegeben. Die oberste Leitung und Beaufsichtigung der Schule hat das herzogliche Konsistorium.

Für die sämtlichen höheren Mädchenschulen Braunschweigs gelten im Prinzip die sonst in Deutschland üblichen Lehrziele; dieselben unterliegen jedoch im einzelnen je nach der Gröfse der Schule und den sonstigen Verhältnissen mannigfachen Veränderungen.

Übersicht über den Stand des höheren Mädchenschulwesens im Herzogtum Braunschweig.

	Zahl der Schulen	Kursusdauer				Zahl der Schülerinnen	Zahl der Lehrer		Zahl der Lehrerinnen	
		unter 8 Jahren	8 Jahre	9 Jahre	10 Jahre		akademisch gebildet	seminarisch gebildet	wissenschaftliche	technische
1. Öffentl. höhere Mädchenschulen (Mittelschulen ausgeschlossen) ..	5	3	1	—	1	1234	16	23	23	16
2. Private höhere Mädchenschulen (Mittelschulen ausgeschlossen) ..	7	5	—	—	2	776	19¹)	14¹)	41	18

12. Herzogtum Sachsen-Meiningen-Hildburghausen.

Übersicht über den Stand des höheren Mädchenschulwesens in Sachsen-Meiningen-Hildburghausen.

	Zahl der Schulen	Zahl der Schülerinnen	Zahl der Lehrer		Zahl d. Lehrerinnen	
			akademisch gebildet	seminarisch gebildet	wissenschaftliche	technische
Privatschulen	6	311	1	1 aufserdem 19 Hilfslehrer für einzelne Stunden	18	1

¹) Zum gröfsten Teil nur als Hilfslehrer beschäftigt.

Aufserdem besteht in Saalfeld a. S. schon seit 1851 eine städtische Schule, die mit einer 4klassigen gemischten Vorschule zusammen einen 8klassigen Organismus bildet. Die oberen 4 Klassen bilden eine höhere Töchterschule. Die ganze Anstalt trägt den Namen I. Bürgerschule.

13. Herzogtum Sachsen-Altenburg.

In der Stadt Altenburg besteht

1. das Carolinum, ursprünglich eine Privatanstalt, 1810 eröffnet, 1819 erweitert und am 1. Januar 1891 von der Stadt Altenburg übernommen. Die Schule zählt gegenwärtig etwa 200 Schülerinnen in 9 aufsteigenden Klassen. Der Lehrkörper besteht aus 2 akademisch und 4 seminarisch gebildeten Lehrern und 4 Lehrerinnen. Die staatliche Aufsicht übt der Bezirksschulinspektor aus.

2. eine private höhere Mädchenschule.

Aufserdem besteht noch in Eisenberg eine öffentliche höhere Mädchenschule.

Übersicht über den Stand des höheren Mädchenschulwesens im Herzogtum Sachsen-Altenburg.

	Zahl der Schulen	unter 8 Jahren	Kursusdauer			Zahl der Schülerinnen	Zahl der Lehrer		Zahl der Lehrerinnen	
			8 Jahre	9 Jahre	10 Jahre		akademisch gebildet	seminarisch gebildet	wissenschaftliche	technische
1. Öffentl. höhere Mädchenschulen	2	—	1	1	—	262	5	7	3	3
2. Private höhere Mädchenschulen	1	—	1	—	—	124	1	6 (Hülfslehrer eingerechnet)	2	2

14. Herzogtum Sachsen-Koburg-Gotha.

In Gotha befindet sich eine städtische höhere Töchterschule, welche in 14 Klassen 340 Schülerinnen zählt, die von 10 Lehrern und 7 Lehrerinnen unterrichtet werden. Außerdem besitzt Gotha noch eine öffentliche Mädchen-Mittelschule mit 8 Jahresklassen. In Koburg besteht eine evangelische höhere Töchterschule unter dem Protektorat I. H. der Herzogin Alexandrine (die Alexandrinenschule). Sie zählt 8 Klassen, von denen die oberste 2jährigen Kursus hat. 144 Schülerinnen werden daselbst von 6 Lehrern und 5 Lehrerinnen unterrichtet.

Daneben bestehen in Gotha, Waltershausen und Neudietendorf Privatschulen.

15. Herzogtum Anhalt.

Das Anhaltische höhere Mädchenschulwesen hat sich schon früh staatlicher Fürsorge zu erfreuen gehabt. Fürst Leopold Friedrich Franz führte den von Basedow angeregten Gedanken, eine ähnliche Anstalt wie das für Knaben bestimmte Philanthropin auch für Mädchen ins Leben zu rufen, im Jahre 1786 durch die Begründung der Herzoglichen Töchterschule zu Dessau selbständig durch (s. Näheres in Abteilung A.). Mit der Zeit hat die Herzogliche Töchterschule mehrfache Wandlungen durchgemacht. 1869 wurde sie in zwei selbständige Anstalten zerlegt, eine Mädchenbürgerschule und eine höhere Töchterschule, die nunmehr den Namen Herzogliche Antoinetteuschule (nach der regierenden Herzogin) erhielt. Sie ist heute eine vollständig ausgestaltete, zehnstufige höhere Mädchenschule.

Neben derselben existieren im Herzogtum Anhalt noch drei andere staatliche höhere Mädchenschulen, sämtlich zehnstufig. Im ganzen also:

1. die 1786 gegründete höhere Mädchenschule zu Dessau
2. „ 1806 „ „ „ „ Zerbst

3. die 1809 gegründete höhere Mädchenschule zu Bernburg
4. „ 1815 „ „ „ „ Cöthen.

Der gesamte Aufwand für diese höheren Mädchenschulen wird vom Staat bestritten. Die Lehrgegenstände sind die von der Augustkonferenz festgesetzten, auch die Lehrziele sind im wesentlichen dieselben. Die Lehrerkollegien bestehen aus akademisch und seminarisch gebildeten Lehrern und aus Lehrerinnen.

Die Aufsicht wird direkt von der Oberschulbehörde ausgeübt; durch das Schulgesetz von 1850 sind die höheren Mädchenschulen ausdrücklich als höhere Schulanstalten anerkannt.

Neben den höheren Mädchenschulen bestehen in Dessau, Cöthen, Bernburg, Zerbst und verschiedenen kleineren Städten noch sogenannte Bürgerschulen, teils für Mädchen allein, teils für beide Geschlechter, und 2 höhere Privatmädchenschulen.

Übersicht über den Stand des höheren Mädchenschulwesens im Herzogtum Anhalt.

	Zahl der Schulen	Kursusdauer				Zahl der Schülerinnen	Zahl der Lehrer		Zahl der Lehrerinnen	
		unter 8 Jahren	8 Jahre	9 Jahre	10 Jahre		akademisch gebildet	seminarisch gebildet	wissenschaftliche	technische
1. Öffentl. höhere Mädchenschulen (Mittelschulen ausgeschlossen) ..	4	—	—	—	4	1206	13	21	13	12
2. Private höhere Mädchenschulen (Mittelschulen ausgeschlossen) ..	2	1	1	—	—	162	6¹)	3¹)	8	2

¹) Nur als Hilfslehrer beschäftigt.

16. Fürstentum Schwarzburg-Rudolstadt.

Die Schwarzburgischen Fürstentümer verfolgen gleichfalls in Bezug auf die höhere Mädchenschule die im übrigen Deutschland maſsgebenden Ziele.

Übersicht über den Stand des höheren Mädchenschulwesens im Fürstentum Schwarzburg-Rudolstadt.

	Zahl der Schulen	unter 8 Jahren	Kursusdauer 8 Jahre	Kursusdauer 9 Jahre	Kursusdauer 10 Jahre	Zahl der Schülerinnen	Zahl der Lehrer akademisch gebildet	Zahl der Lehrer seminarisch gebildet	Zahl der Lehrerinnen wissenschaftliche	Zahl der Lehrerinnen technische
1. Öffentl. höhere Mädchenschulen	2	1	—	1	—	125	4	5	2	2
2. Private höhere Mädchenschulen	2	2	—	—	—	19	1	1	2	—

17. Fürstentum Schwarzburg-Sondershausen.

Übersicht über den Stand des höheren Mädchenschulwesens im Fürstentum Schwarzburg-Sondershausen.

	Zahl der Schulen	unter 8 Jahren	Kursusdauer 8 Jahre	Kursusdauer 9 Jahre	Kursusdauer 10 Jahre	Zahl der Schülerinnen	Zahl der Lehrer akademisch gebildet	Zahl der Lehrer seminarisch gebildet	Zahl der Lehrerinnen wissenschaftliche	Zahl der Lehrerinnen technische
Öffentliche höhere Mädchenschulen	2	—	—	1	1	261	4 vollbeschäftigt, 5 als Hilfslehrer.	4 vollbeschäftigt, 1 als Hilfslehrer.	6	3 und 1 Hilfslehrerin.

18. Fürstentum Waldeck und Pyrmont.

Übersicht über den Stand des höheren Mädchenschulwesens im Fürstentum Waldeck und Pyrmont.

	Zahl der Schulen	Kursusdauer				Zahl der Schülerinnen	Zahl der Lehrer		Zahl der Lehrerinnen	
		unter 8 Jahren	8 Jahre	9 Jahre	10 Jahre		akademisch gebildet	seminarisch gebildet	wissenschaftliche	technische
Öffentliche höhere Mädchenschulen (Mittelschulen eingeschlossen)	4	4 (6jähr. Kursus vom vollendeten 9. Lebensjahre au.)	—	—	—	132	8	6 nur als Hilfslehrer beschäftigt	8	1 3 als Hilfslehrerinnen.

19. Fürstentum Reufs ältere Linie.

Die einzige städtische höhere Mädchenschule des Landes befindet sich in Greiz. Sie ist aus einer im Jahre 1817 gegründeten Privatschule entstanden. Sie wird von 137 Schülerinnen besucht, die sich auf 9 Klassen verteilen und von 8 Lehrern und 4 Lehrerinnen unterrichtet werden. Von den Lehrern sind 5 nur als Hilfskräfte thätig.

Daneben besteht eine Mädchen-Bürgerschule, deren eine Abteilung etwa der preufsischen Mittelschule gleich zu rechnen ist.

20. Fürstentum Reufs jüngere Linie.

In Gera besteht eine öffentliche, die sogenannte Zabelsche höhere Töchterschule (genannt nach Frau Henriette Zabel, die der Schule ein bedeutendes Vermögen vermachte, durch das dieselbe finanziell völlig sichergestellt ist). Es wurden an der Schule 1890/91 309 Schülerinnen in 9 aufsteigenden Klassen unterrichtet. Das Lehrerkollegium besteht aus 3 akademisch, 4 seminarisch gebildeten Lehrern, 2 Fachlehrern, 2 wissenschaftlichen und 2 technischen Lehrerinnen. Die Aufsicht führt ein besonderer Schulvorstand.

In Schleiz und in Ebersdorf bestehen aufserdem Privatanstalten.

21. Fürstentum Schaumburg-Lippe.

Im Fürstentum Schaumburg-Lippe besteht nur eine höhere Mädchenschule und zwar die zu Bückeburg, welche unter dem Protektorat der regierenden Fürstin steht. Die Aufsichtsbehörde ist das Fürstliche Konsistorium. Sie hat 10jährigen Kursus und verfolgt die sonst in Deutschland üblichen Ziele. Die Zahl der Schülerinnen beträgt 90. Sie werden von 3 akademisch, 3 seminarisch gebildeten Lehrern und 4 Lehrerinnen unterrichtet.

22. Fürstentum Lippe.

Im Fürstentum Lippe bestehen 5 private höhere Mädchenschulen (darunter die bedeutendste in Detmold unter dem Protektorat der Fürstin-Witwe Elisabeth zur Lippe). Sie verfolgen die sonst in Deutschland üblichen Lehrziele. Es werden in ihnen insgesamt 340 Schülerinnen unterrichtet.

23. Freie und Hansestadt Lübeck.

In Lübeck überwiegt wie in den Hansestädten überhaupt das Privatschulwesen bei weitem. Lehrfächer und Lehrziele sind die sonst in Deutschland üblichen. Die älteste und bedeutendste unter den Lübecker Schulen ist die schon 1804 begründete Ernestinenschule.

Übersicht über den Stand des höheren Mädchenschulwesens in der freien und Hansestadt Lübeck.

	Zahl der Schulen	unter 8 Jahren	Kursusdauer			Zahl der Schülerinnen	Zahl der Lehrer		Zahl der Lehrerinnen	
			8 Jahre	9 Jahre	10 Jahre		akademisch gebildet	seminarisch gebildet	wissenschaftliche	technische
1. Öffentl. höhere Mädchenschulen (Mittelschule)	1	—	1	—	—	349	—	4	6	2
2. Private höhere Mädchenschulen, Mittelschulen (5) eingeschlossen ..	10	2	3	3	2	1335	37 (davon 66 nur nebenamtlich beschäftigt)	38	49	22

24. Freie und Hansestadt Bremen.

In Bremen ist das höhere Mädchenschulwesen durchaus der Privatthätigkeit überlassen, und die Privatschule hat sich daher dort zu hoher Blüte entwickeln können. Auch hier gab das Jahr 1872 die Anregung zur Feststellung bestimmter Normen für die höhere Mädchenschule. Die Bremer Schulvorstände traten zu freien Beratungen zusammen, in welchen ein Lehrplan für die Bremer Schulen unter Zugrundelegung des Weimarer Programms entworfen wurde, der die Billigung der vorgesetzten Behörde erhielt. Diese ist die Senatskommission für Schulangelegenheiten.

Die meisten höheren Mädchenschulen Bremens werden von Vorsteherinnen geleitet; auch die Lehrkollegien bestehen im wesentlichen aus Lehrerinnen. Der Unterricht in Geschichte, Litteratur und Naturwissenschaften wird in den Oberklassen vielfach durch akademisch gebildete Hilfslehrer erteilt.

Übersicht über den Stand des höheren Mädchenschulwesens
in der freien und Hansestadt Bremen
mit Einschlufs der Hafenstädte (Vegesack und Bremerhaven).

	Zahl der Schulen	Kursusdauer				Zahl der Schülerinnen	Zahl der Lehrer		Zahl der Lehrerinnen	
		unter 5 Jahren	8 Jahre	9 Jahre	10 Jahre		akademisch gebildet	seminaristisch gebildet	wissenschaftliche	technische
Private höhere Mädchenschulen, die Mittelschulen (deren es 2 giebt) ausgeschlossen	10	1 (da die Vorschulklassen fehlen)	—	4	5	2363	23	30 (die Lehrer sind bis auf 3 nur nebenamtlich beschäftigt)	115	8

25. Freie und Hansestadt Hamburg.

Auch in Hamburg überwiegt das Privatschulwesen bei weitem. Bis zum Jahre 1872 gab es an öffentlichen Mädchenschulen nur einige Stiftungsschulen, die den Charakter von

Mittelschulen trugen. Mit diesem Jahre trat die vom St. Johanniskloster gestiftete öffentliche höhere Mädchenschule ins Leben, die bis heute die einzige öffentliche höhere Lehranstalt für das weibliche Geschlecht bildet. Für Lehrfächer, Lehrziele etc. sind die im übrigen Deutschland geltenden Bestimmungen mafsgebend.

Übersicht über den Stand des höheren Mädchenschulwesens in der freien und Hansestadt Hamburg.

	Zahl der Schulen	unter 8 Jahren	Kursusdauer			Zahl der Schülerinnen	Zahl der Lehrer		Zahl der Lehrerinnen	
			8 Jahre	9 Jahre	10 Jahre		akademisch gebildet	seminarisch gebildet	wissenschaftliche	technische
1. Öffentl. höhere Mädchenschulen, die (5) Mittelschulen eingeschlossen	6 (4 Stiftungs- u. 2 Gemeindeschulen)	—	3	2	1	2244	8	15	70 (davon 6 zugleich als technische)	10
2. Private höhere Mädchenschulen, die Mittelschulen eingeschlossen . . .	53	—	12	21	20	6350	72	86 (die Lehrer gröfstenteils nur nebenamtlich beschäftigt)	359	82

26. Reichsland Elsafs-Lothringen.

In Elsafs-Lothringen sind im allgemeinen dieselben Bestimmungen und Ziele für das höhere Mädchenschulwesen mafsgebend, wie im übrigen Deutschland. Es bestehen zur Zeit 9 öffentliche (städtische) höhere Mädchenschulen und zwar in **Bischweiler, Buchsweiler, Markirch, Mülhausen, Pfalzburg, Saargemünd, Strafsburg, Weifsenburg** und **Zabern.** Von diesen stehen 3 unter männlicher, 6 unter weiblicher Leitung.

Neben diesen öffentlichen Anstalten bestehen 55 private, teils von Privatpersonen, teils von Stiftungen oder Genossenschaften unterhaltene höhere Mädchenschulen; etwa die Hälfte wird von Schulschwestern geleitet. Einige dieser Schulen sind vollausgebaute Anstalten, andere ganz kleine Organismen, die sich nur durch den Betrieb der Fremdsprachen als höhere Schulen kennzeichnen. Die Privatschulen werden mit Ausnahme der beiden Schulen in Metz und Schlettstadt von Vorsteherinnen geleitet. Sie sind vielfach mit Pensionaten verbunden.

Übersicht über den Stand des höheren Mädchenschulwesens in Elsass-Lothringen.

	Zahl der Schulen	Kursusdauer				Zahl der Schülerinnen	Zahl der Lehrer[1]		Zahl der Lehrerinnen	
		unter 8 Jahren	8 Jahre	9 Jahre	10 Jahre		akademisch gebildet	seminarisch gebildet	wissenschaftliche	technische
1. Öffentliche höhere Mädchenschulen	9		4	2	3	1337	24	24	50	3
2. Private höhere Mädchenschulen	55	10	31	9	5	5941	67	57	411	91

[1] Bei den Lehrern sind sämtliche Hilfslehrer mitgezählt. Die Zahl der akademisch gebildeten Lehrer ist darum verhältnismäfsig grofs, weil selbst an kleineren Schulen der Religionsunterricht häufig durch Geistliche der 3 Konfessionen erteilt wird. — Die Kursusdauer an den privaten höheren Mädchenschulen und Pensionaten ist nur schätzungsweise nach dem Lebensalter der Schülerinnen berechnet worden.

Litteratur.

A. Die umfassendste Zusammenstellung der einschlägigen Litteratur von 1700 bis auf die Gegenwart findet sich in G. Krusche, Litteratur der weiblichen Erziehung und Bildung in Deutschland von 1700—1886. Langensalza, Beyer, 1887. Nachträge dazu werden in den Programmen der Höheren Schule für Mädchen zu Leipzig veröffentlicht.

B. Zu der vorstehenden Arbeit sind aufser den direkten Mitteilungen von den betreffenden Behörden resp. Fachleuten, und sonstigem amtlichen Material besonders folgende Schriften benutzt, resp. verglichen worden:

Wattenbach, Deutschlands Geschichtsquellen im Mittelalter. Berlin, Hertz, 1873.

Specht, Geschichte des Unterrichtswesens in Deutschland von den ältesten Zeiten bis zur Mitte des 13. Jahrhunderts. Stuttgart, Cotta, 1885.

Juan Luiz Vives Schriften über Weibliche Bildung. Von Wychgram. Wien und Leipzig, 1883.

Richter, die evangelischen Kirchenordnungen des 16. Jahrhunderts. Weimar, 1846.

Vormbaum, Alte Schul- und Kirchenordnungen.

J. A. Comenius, Pädagogische Schriften. Langensalza, Beyer, 1883.

Karl Weinhold, Die Deutschen Frauen im Mittelalter. 2. Aufl. Wien, 1882.

Karl Strack, Aus dem deutschen Frauenleben. Leipzig, Schlicke, 1873.

Karl Strack, Geschichte der weiblichen Bildung in Deutschland. Gütersloh, Bertelsmann, 1879.

A. H. Franckes pädagogische Schriften. Langensalza, Beyer, 1876.

Dr. Karl Schmidts Geschichte der Pädagogik. Köthen, Schettler, 1876.

Dr. K. A. Schmidts Pädagogische Encyklopädie. 2. Auflage. Gotha, Besser, 1876.

Wickenhagen, Geschichte der Herzoglichen Töchterschule zu Dessau. Dessau, 1886.

Basedows Ausgewählte Schriften. Langensalza, Beyer, 1880.

Jean Paul, Levana.

Karoline Rudolphi, Gemälde weiblicher Erziehung. Heidelberg, 1807.

Betty Gleim, Erziehung und Unterricht des weiblichen Geschlechts. Leipzig, Göschen, 1810.

Wiese, Über weibliche Erziehung und Bildung. Berlin, 1865.

Den Hohen Deutschen Staatsregierungen gewidmete Denkschrift der ersten deutschen Hauptversammlung von Dirigenten und Lehrenden der höheren Mädchenschulen, betreffend eine gesetzliche Normierung der Organisation und Stellung des höheren Mädchenschulwesens. Gedruckt bei Samuel Lucas. Elberfeld, 1872.

Den Hohen Deutschen Staatsregierungen gewidmete Denkschrift des Berliner Vereins für höhere Töchterschulen, über Stellung und Organisation der höheren Töchterschulen. Berlin, 1873, gedruckt bei Franz Krüger.

Protokolle über die im August 1873 im Königlich Preufsischen Unterrichts-Ministerium gepflogenen das mittlere und höhere Mädchenschulwesen betreffenden Verhandlungen. Berlin, Hertz, 1873.

Dr. K. Schneider und E. von Bremen, Das Volksschulwesen im Preufsischen Staate. Berlin, 1886, W. Hertz.

G. Kreyenberg, Die Deutsche Höhere Mädchenschule. Frankfurt a. M., Diesterweg, 1887.

Cauer, Die höhere Mädchenschule und die Lehrerinnenfrage. Berlin, Springer, 1878.

Nöldeke, Von Weimar bis Berlin. Berlin, Appelius, 1888.

Schornstein-Buchner, Zeitschrift für weibliche Bildung. Heft 7, 1891: Wulckow, Das höhere Mädchenschulwesen im Grofsherzogtum Hessen. Heft 8, 1891: Sommer, Das öffentliche höhere Mädchenschulwesen im Herzogtum Braunschweig; Wöbcken, Das öffentliche höhere Mädchenschulwesen im Grofsherzogtum Oldenburg. — Heft 14, 1891: Wickenhagen, Das Anhaltische höhere Mädchenschulwesen. — Heft 21, 1891: Mailänder, Das öffentliche höhere Mädchenschulwesen im Königreich Württemberg. -- Heft 3, 1892: Buchner, Das höhere Mädchenschulwesen in den Hansastädten. — Heft 18, 1892: Buchner, Das öffentliche höhere Mädchenschulwesen in Thüringen. — Heft 1, 1893: A. Sprengel. Das öffentliche höhere Mädchenschulwesen in den Grofsherzogtümern Mecklenburg-Schwerin und Mecklenburg-Strelitz.

Mushacke, Statistisches Jahrbuch der höheren Schulen. XIII. Jahrgang 1892/93, Leipzig, Teubner.

Druck von Leonhard Simion in Berlin SW.